Great Songs BOB DYLAN

Wise Publications
London/New York/Sydney/Paris/Copenhagen/Madrid/Tokyo

Exclusive distributors:
Music Sales Limited
8/9 Frith Street,
London W1D 3JB, England.
Music Sales Corporation
257 Park Avenue South,
New York, NY10010,
United States of America.
Music Sales Pty Limited
120 Rothschild Avenue
Rosebery, NSW 2018,
Australia.

Order No. AM967175
ISBN 0-7119-8475-1
This book © Copyright 2000 by Wise Publications

Compiled by Nick Crispin
Book design by Chloë Alexander
Music arranged by Rikky Rooksby
Music processed by The Pitts

Cover photograph by Ken Regan

Printed in the United Kingdom by
Caligraving Limited, Thetford, Norfolk.

Your Guarantee of Quality
As publishers, we strive to produce every book to the highest commercial
standards. The music has been freshly engraved and the book has been
carefully designed to minimise awkward page turns and to make playing
from it a real pleasure. Particular care has been given to specifying acid-free,
neutral-sized paper made from pulps which have not been elemental
chlorine bleached. This pulp is from farmed sustainable forests and was
produced with special regard for the environment. Throughout, the printing
and binding have been planned to ensure a sturdy, attractive publication
which should give years of enjoyment. If your copy fails to meet our high
standards, please inform us and we will gladly replace it.

Music Sales' complete catalogue describes thousands of titles and is available
in full colour sections by subject, direct from Music Sales Limited. Please
state your areas of interest and send a cheque/postal order for £1.50 for
postage to: Music Sales Limited, Newmarket Road, Bury St. Edmunds,
Suffolk IP33 3YB.

www.musicsales.com

Relative Tuning

The guitar can be tuned with the aid of pitch pipes or dedicated electronic guitar tuners which are available through your local music dealer. If you do not have a tuning device, you can use relative tuning. Estimate the pitch of the 6th string as near as possible to E or at least a comfortable pitch (not too high, as you might break other strings in tuning up). Then, while checking the various positions on the diagram, place a finger from your left hand on the:

5th fret of the E or 6th string and **tune the open A** (or 5th string) to the note Ⓐ

5th fret of the A or 5th string and **tune the open D** (or 4th string) to the note Ⓓ

5th fret of the D or 4th string and **tune the open G** (or 3rd string) to the note Ⓖ

4th fret of the G or 3rd string and **tune the open B** (or 2nd string) to the note Ⓑ

5th fret of the B or 2nd string and **tune the open E** (or 1st string) to the note Ⓔ

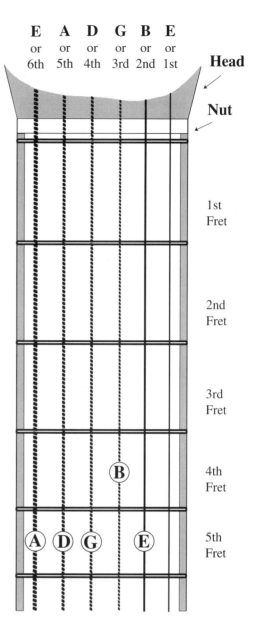

Reading Chord Boxes

Chord boxes are diagrams of the guitar neck viewed head upwards, face on as illustrated. The top horizontal line is the nut, unless a higher fret number is indicated, the others are the frets.

The vertical lines are the strings, starting from E (or 6th) on the left to E (or 1st) on the right.

The black dots indicate where to place your fingers.

Strings marked with an O are played open, not fretted.

Strings marked with an X should not be played.

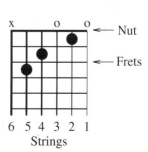

All Along The Watchtower

Words & Music by
Bob Dylan

Capo fourth fret

Intro   ‖: Am G │ F   G │ Am G │ F   G :‖

Verse 1
> Am   G   F   G
> "There must be some way out of here,"
> Am   G   F   G
> Said the joker to the thief,
> Am   G   F   G
> "There's too much confusion,
> Am   G   F   G
> I can't get no relief.
> Am   G   F   G
> Businessmen, they drink my wine,
> Am   G   F   G
> Plowmen   dig my earth,
> Am   G   F   G
> None of them along the line
> Am   G   F   G
> Know what any of it is worth."

Link   ‖: Am G │ F   G │ Am G │ F   G :‖

Verse 2
> Am   G   F   G
> "No reason to get excited,"
> Am   G F   G
> The thief he kindly spoke,
> Am   G   F   G
> "There are many here among us
> Am   G   F   G
> Who feel that life is but a joke.

cont.

```
Am          G        F                   G
    But you and I, we've been through that
Am          G        F     G
    And this is not our fate,
Am          G        F               G
    So let us not talk falsely now,
Am          G        F     G
    The hour is getting late."
```

Link

‖: Am G │ F   G │ Am G │ F   G :‖

Verse 3

```
Am          G        F               G
    All along the watchtower
Am          G        F     G
    Princes kept the view
Am              G        F                   G
    While all the women came and went,
Am          G        F     G
    Barefoot servants, too.
Am          G        F               G
    Outside in the distance
Am          G        F     G
    A wildcat did growl,
Am              G                F       G
    Two riders   were approaching,
Am              G        F     G
    The wind began to howl.
```

Coda

│ Am G │ F   G │ Am G │ F   G │

│ Am G │ F   G │ Am   ‖

5

All I Really Want To Do

Words & Music by
Bob Dylan

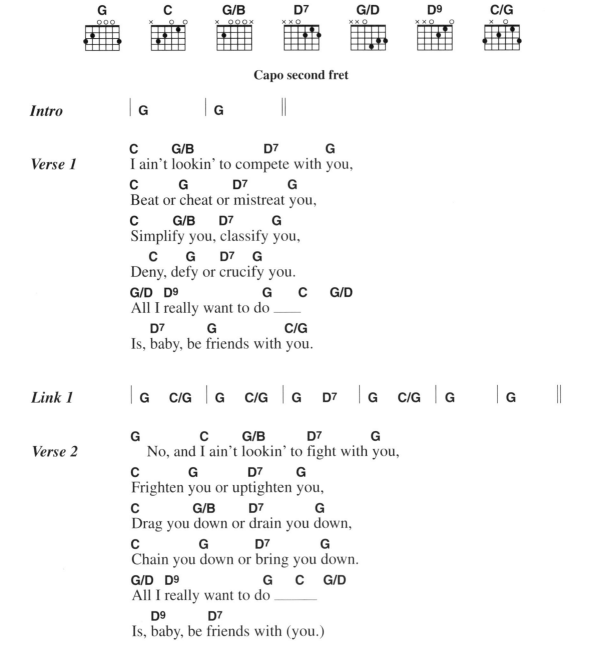

Capo second fret

Intro | G | G   ‖

Verse 1

C   G/B   D7   G
I ain't lookin' to compete with you,

C   G   D7   G
Beat or cheat or mistreat you,

C   G/B   D7   G
Simplify you, classify you,

  C   G   D7   G
Deny, defy or crucify you.

G/D D9   G   C   G/D
All I really want to do ____

    D7   G   C/G
Is, baby, be friends with you.

Link 1 | G   C/G | G   C/G | G   D7 | G   C/G | G | G   ‖

Verse 2

G   C   G/B   D7   G
  No, and I ain't lookin' to fight with you,

C   G   D7   G
Frighten you or uptighten you,

C   G/B   D7   G
Drag you down or drain you down,

C   G   D7   G
Chain you down or bring you down.

G/D D9   G   C   G/D
All I really want to do _____

    D9   D7
Is, baby, be friends with (you.)

Link 2 | G C/G | G C/G | G D7 | G C/G D7 | G C/G | G ‖
you.

Verse 3

C   G/B   D7   G
I ain't lookin' to block you up

C   G   D7   G
Shock or knock or lock you up,

C   G/B   D7   G
Analyze you, categorise you,

C   G   D7   G
Finalise you or advertise you.

G/D D9   G   C   G/D
All I really want to do _____

     D9   G   C/G
Is, baby, be friends with you.

Link 3 | G/D D7 | G C/G | G/D D7 | G C/G | G ‖

Verse 4

C   G/B   D7   G
I don't want to straight-face you,

C   G   D7   G
Race or chase you, track or trace you,

C   G/B   D7   G
Or disgrace you or displace you,

C   G   D7   G
Or define you or confine you.

G/D D9   G   C   G/D
All I really want to do _____

     D7   G   C/G
Is, baby, be friends with you.

Link 4 | G/D D7 | G C/G | G/D D7 | G C/G | G ‖

Verse 5

C   G/B   D7   G
I don't want to meet your kin,

C   G   D7   G
Make you spin or do you in,

C   G/B   D7   G
Or select you or dissect you,

C   G   D7 G
    Or inspect you or reject you.

G/D D9   G   C   G/D
All I really want to do _____

     D7   G   C/G
Is, baby, be friends with you.

Link 5   ‖: G/D D7 | G C/G | G/D D7 | G C/G :‖

     | G/D D9 | G C/G | G/D D7 | G C/G | G   ‖

Verse 6

C   G/B   D7   G
I don't want to fake you out,

C   G   D7   G
Take or shake or forsake you out,

C   G/B   D7   G
I ain't looking for you to feel like me,

C   G   D7   G
See like me or be like me.

G/D   D9   G   C   G/D
All I really want to do _____

    D7   G   C/G
Is, baby, be friends with you.

Link 6   ‖: G D7 | G C/G | G D7 | G C/G :‖   *Repeat to fade*

Blind Willie McTell

Words & Music by
Bob Dylan

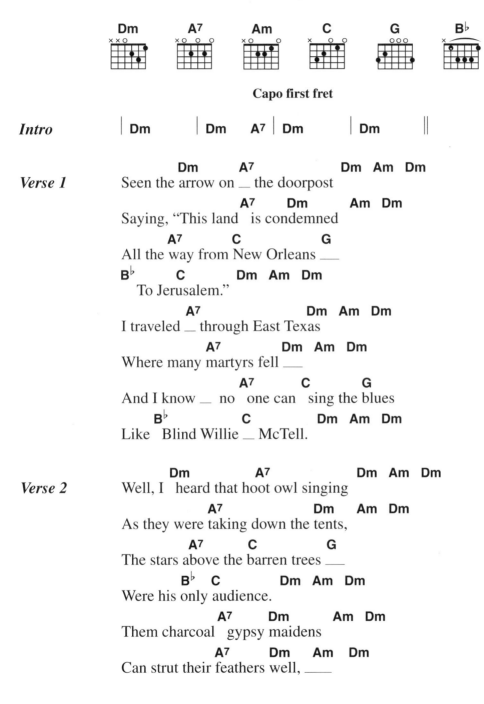

| Dm | A7 | Am | C | G | B♭ |

Capo first fret

Intro | Dm | Dm A7 | Dm | Dm ||

Verse 1

          Dm   A7   Dm Am Dm
Seen the arrow on _ the doorpost
                 A7   Dm   Am Dm
Saying, "This land is condemned
       A7   C   G
All the way from New Orleans ___
  B♭   C   Dm Am Dm
   To Jerusalem."
            A7   Dm Am Dm
I traveled _ through East Texas
              A7   Dm Am Dm
Where many martyrs fell ___
                A7   C   G
And I know _ no one can sing the blues
     B♭   C   Dm Am Dm
Like Blind Willie _ McTell.

Verse 2

          Dm   A7   Dm Am Dm
Well, I heard that hoot owl singing
            A7   Dm   Am Dm
As they were taking down the tents,
        A7   C   G
The stars above the barren trees ___
          B♭ C   Dm Am Dm
Were his only audience.
            A7   Dm   Am Dm
Them charcoal gypsy maidens
            A7   Dm Am Dm
Can strut their feathers well, ___

cont.

      A⁷   C   G
But nobody can sing the blues __

      B♭   C   Dm Am Dm
Like Blind Willie __ McTell.

Verse 3

  Dm   A⁷   Dm   Am Dm
See them big plantations burning,

      A⁷   Dm   Am Dm
Hear the cracking of the whips,

      A⁷   C   G
Smell that sweet magnolia blooming,

   B♭   C   Dm
See the ghosts of __ slavery ships.

       A⁷   Dm   Am Dm
I can hear them tribes a-moaning,

    A⁷   Dm
Hear the undertaker's bell,

  A⁷   C   G
Nobody can sing the blues __

B♭   C   Dm Am Dm
Like Blind __ Willie McTell.

Verse 4

      Dm   A⁷   Dm Am Dm
There's a woman __ by the river __

      A⁷   Dm   Am Dm
With some fine young handsome man:

      A⁷   C G
He's dressed up like a squire,

B♭   C   Dm
Bootlegged whiskey in his hand. __

        A⁷   Dm Am Dm
There's a chain gang on the highway,

    A⁷   Dm Am Dm
I can hear them rebels yell

      A⁷ C   G
And I know no one   can sing the blues

B♭   C   Dm Am Dm
Like Blind Willie McTell.

Link

| Dm A⁷ | Dm Am Dm | Dm A⁷ | Dm Am Dm |

| Dm A⁷ | C G | B♭ C | Dm Am Dm | Dm Am Dm ‖

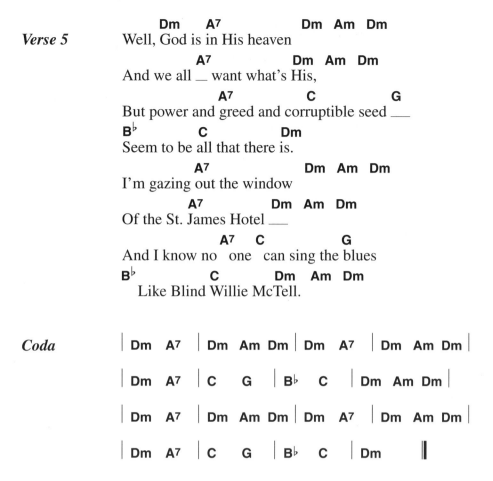

Verse 5

  Dm **A⁷**   **Dm** **Am** **Dm**
Well, God is in His heaven

     A⁷   **Dm** **Am** **Dm**
And we all __ want what's His,

     A⁷   **C**   **G**
But power and greed and corruptible seed ___

B♭   **C**   **Dm**
Seem to be all that there is.

     A⁷   **Dm** **Am** **Dm**
I'm gazing out the window

     A⁷   **Dm** **Am** **Dm**
Of the St. James Hotel ___

     A⁷ **C**   **G**
And I know no one can sing the blues

B♭   **C**   **Dm** **Am** **Dm**
 Like Blind Willie McTell.

Coda | **Dm** **A⁷** | **Dm** **Am** **Dm** | **Dm** **A⁷** | **Dm** **Am** **Dm** |

      | **Dm** **A⁷** | **C** **G** | **B♭** **C** | **Dm** **Am** **Dm** |

      | **Dm** **A⁷** | **Dm** **Am** **Dm** | **Dm** **A⁷** | **Dm** **Am** **Dm** |

      | **Dm** **A⁷** | **C** **G** | **B♭** **C** | **Dm**   ‖

Blowin' In The Wind

Words & Music by
Bob Dylan

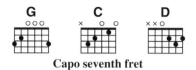

Capo seventh fret

Intro

| G ‖

Verse 1

G   C   D   G
How many roads must a man walk down
          C   G
Before you call him a man?
          C   D   G
How many seas must a white dove sail
          C   D
Before she sleeps in the sand?
          G   C   D   G
Yes, 'n' how many times must the cannon balls fly
          C   G
Before they're forever banned?

Chorus 1

          C   D   G   C
The answer, my friend, is blowin' in the wind,
          D   G
The answer is blowin' in the wind.

Link 1

| C D | G C | C D | G ‖

Verse 2
```
                    C              D            G
Yes, 'n' how many years can a mountain exist
             C         G
Before it is washed to the sea?
                    C              D            G
Yes, 'n' how many years can some people exist
             C         D
Before they're allowed to be free?
             G         C         D            G
Yes, 'n' how many times can a man turn his head,
             C         G
And pretend that he just doesn't see?
```

Chorus 2   As Chorus 1

Link 2 | C D | G C | C D | G   ‖

Verse 3
```
                    C              D            G
Yes 'n' how many times must a man look up
             C       G
Before he can see the sky?
                    C         D      G
Yes, 'n' how many ears must one man have
             C         D
Before he can hear people cry?
             G         C         D            G
Yes, 'n' how many deaths will it take till he knows
             C                 G
That too many people have died?
```

Chorus 3   As Chorus 1

Coda | C D | G C | C D | G   ‖

Changing Of The Guards

Words & Music by
Bob Dylan

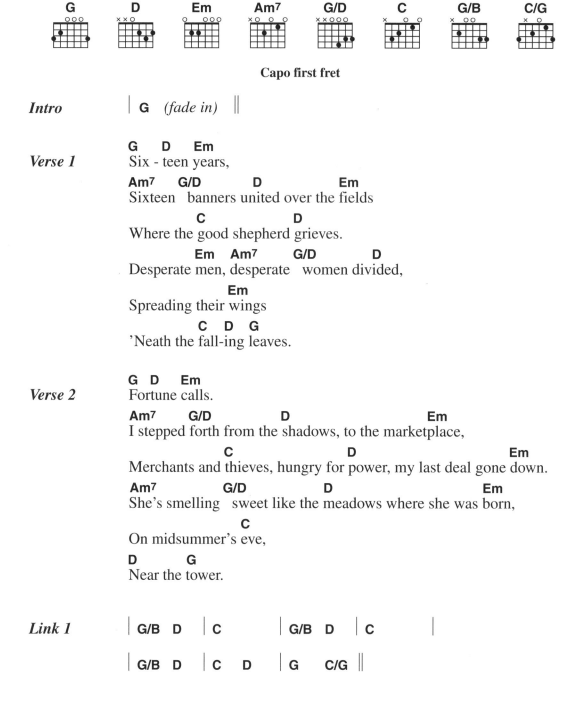

Capo first fret

Intro

| **G** *(fade in)* ||

Verse 1

    G   **D**   **Em**
Six - teen years,
Am⁷ **G/D**   **D**   **Em**
Sixteen   banners united over the fields
          C   **D**
Where the good shepherd grieves.
        Em **Am⁷** **G/D**   **D**
Desperate men, desperate   women divided,
         Em
Spreading their wings
      C **D** **G**
'Neath the fall-ing leaves.

Verse 2

    G **D**   **Em**
Fortune calls.
Am⁷   **G/D**   **D**   **Em**
I stepped forth from the shadows, to the marketplace,
            C   **D**   **Em**
Merchants and thieves, hungry for power, my last deal gone down.
Am⁷   **G/D**   **D**   **Em**
She's smelling   sweet like the meadows where she was born,
         C
On midsummer's eve,
D   **G**
Near the tower.

Link 1

| **G/B** **D** | **C** | | **G/B** **D** | **C** | |

| **G/B** **D** | **C** **D** | **G** **C/G** ||

Verse 3

```
        G        D      Em
        The cold-blooded moon.
           Am⁷   G/D              D
        The captain waits above the celebration
                     Em          C       D
        Sending his thoughts to a   beloved maid
                    Em  Am⁷ G/D           D
        Whose ebony face is be-yond communication.
                    Em
        The captain is down
                          C        D      G
        But still believing that his love will be repaid.
```

Verse 4

```
        G      D    Em
        They shaved her head.
             Am⁷        G/D          D
        She was torn between   Jupiter and Apollo.
                   Em          C          D
        A messenger arrived with a black nightingale.
                   Em   Am⁷ G/D            D
        I seen her on the stairs and I   couldn't help but follow,
                   Em
        Follow her down
                         C    D      G
        Past the fountain where they lift - ed her veil.
```

Link 2

```
        | G/B  D  | C        | G/B  D  | C          |

        | G/B  D  | C   D    | G     C/G ||
```

Verse 5

```
        G            D     Em
        I stumbled to my feet.
        Am⁷          G/D        D
        I rode past destruction in the ditches
                 Em                  C            D
        With the stitches still mending 'neath a heart-shaped tattoo.
                 Em    Am⁷ G/D            D
        Renegade priests and      treacherous young witches
               Em
        Were handing out the flowers
               C   D    G
        That I'd   given to you.
```

Verse 6

    G   D   Em
The palace of   mirrors

Am⁷   G/D   D
Where dog   soldiers are reflected,

            Em   C   D
The endless road and the wailing of chimes,

           Em Am⁷   G/D   D
The empty rooms where her memory is protected,

           Em
Where the angels' voices whisper

      C   D   G
To the souls of previous times.

Link 2

| G/B D | C | G/B D | C |

| G/B D | C   D | G   C/G ||

Verse 7

   G   D   Em
She wakes him up

       Am⁷   G/D   D
Forty-eight hours later, the sun is breaking

           Em   C   D
Near broken chains, mountain laurel and rolling rocks.

           Em Am⁷ G/D   D
She's begging to know what measures he now will be taking.

           Em
He's pulling her down

                 C   D   G
And she's clutching on to his   long golden locks.

Verse 8

   G   D   Em
"Gentlemen," he said,

  Am⁷   G/D   D   Em
"I don't need your organisation, I've shined your shoes,

                 C   D
I've moved your mountains and marked your cards

           Em   Am⁷   G/D   D
But Eden is burning, either get ready   for elimination

           Em
Or else your hearts

                 C   D   G
Must have the courage for the changing of the guards."

Link 3 | G/B D | C | G/B D | C |

| G/B D | C   D | G   C/G ‖

Verse 9

G   D   Em
Peace will come
Am⁷   G/D   D   Em
With tranquility and splendour on the wheels of fire
          C   D   Em
But will offer no reward when her false idols fall
Am⁷ G/D   D   Em
And   cruel death surrenders with its pale ghost retreating
          C   D   G
Between the King and the Queen of Swords.

Coda | Em | Em Am⁷| G/D | D |

| Em | Em | C | D |

| Em | Em Am⁷| G/D | D |

| Em | Em | C   D | G |

| G/B D | C | G/B D | C |

| G/B D | C   D | G   ‖

Fade out

17

Every Grain Of Sand

Words & Music by
Bob Dylan

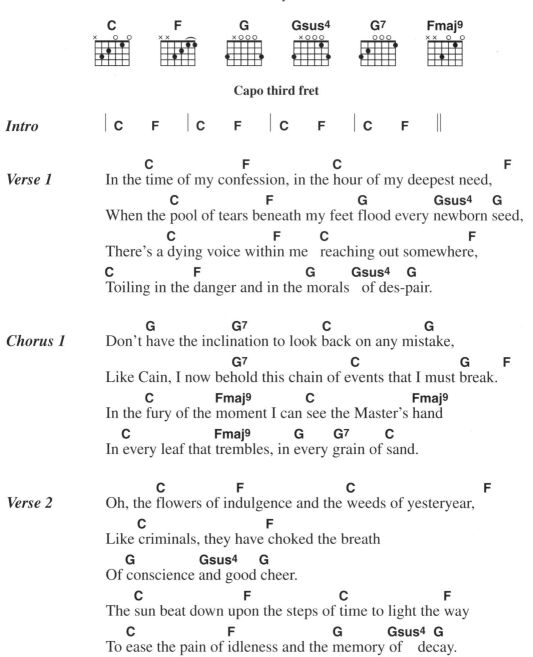

Capo third fret

Intro

| C   F | C   F | C   F | C   F ‖

Verse 1

        C   F   C   F
In the time of my confession, in the hour of my deepest need,
         C   F   G   Gsus⁴   G
When the pool of tears beneath my feet flood every newborn seed,
         C   F   C   F
There's a dying voice within me   reaching out somewhere,
C   F   G   Gsus⁴ G
Toiling in the danger and in the morals   of des-pair.

Chorus 1

        G   G⁷   C   G
Don't have the inclination to look back on any mistake,
            G⁷   C   G   F
Like Cain, I now behold this chain of events that I must break.
         C   Fmaj⁹   C   Fmaj⁹
In the fury of the moment I can see the Master's hand
       C   Fmaj⁹   G   G⁷   C
In every leaf that trembles, in every grain of sand.

Verse 2

         C   F   C   F
Oh, the flowers of indulgence and the weeds of yesteryear,
        C   F
Like criminals, they have choked the breath
    G   Gsus⁴   G
Of conscience and good cheer.
       C   F   C   F
The sun beat down upon the steps of time to light the way
       C   F   G   Gsus⁴ G
To ease the pain of idleness and the memory of   decay.

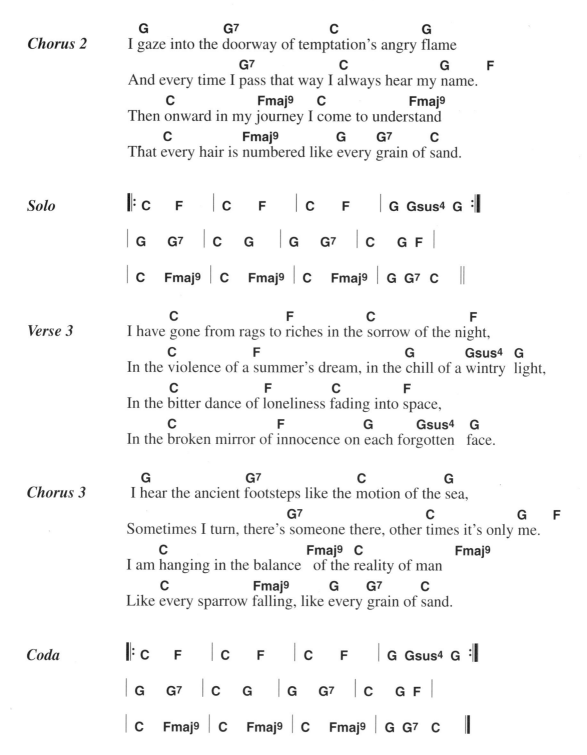

Chorus 2

G   G⁷   C   G
I gaze into the doorway of temptation's angry flame
        G⁷   C   G F
And every time I pass that way I always hear my name.
    C   Fmaj⁹ C   Fmaj⁹
Then onward in my journey I come to understand
    C   Fmaj⁹   G G⁷ C
That every hair is numbered like every grain of sand.

Solo ‖: C F | C F | C F | G Gsus⁴ G :‖

    | G G⁷ | C G | G G⁷ | C G F |

    | C Fmaj⁹ | C Fmaj⁹ | C Fmaj⁹ | G G⁷ C ‖

Verse 3

     C   F   C   F
I have gone from rags to riches in the sorrow of the night,
     C   F   G   Gsus⁴ G
In the violence of a summer's dream, in the chill of a wintry light,
     C   F   C   F
In the bitter dance of loneliness fading into space,
     C   F   G   Gsus⁴ G
In the broken mirror of innocence on each forgotten face.

Chorus 3

    G   G⁷   C   G
 I hear the ancient footsteps like the motion of the sea,
          G⁷   C   G F
Sometimes I turn, there's someone there, other times it's only me.
    C   Fmaj⁹ C   Fmaj⁹
I am hanging in the balance of the reality of man
    C   Fmaj⁹   G G⁷ C
Like every sparrow falling, like every grain of sand.

Coda ‖: C F | C F | C F | G Gsus⁴ G :‖

    | G G⁷ | C G | G G⁷ | C G F |

    | C Fmaj⁹ | C Fmaj⁹ | C Fmaj⁹ | G G⁷ C ‖

Don't Think Twice, It's All Right

Words & Music by
Bob Dylan

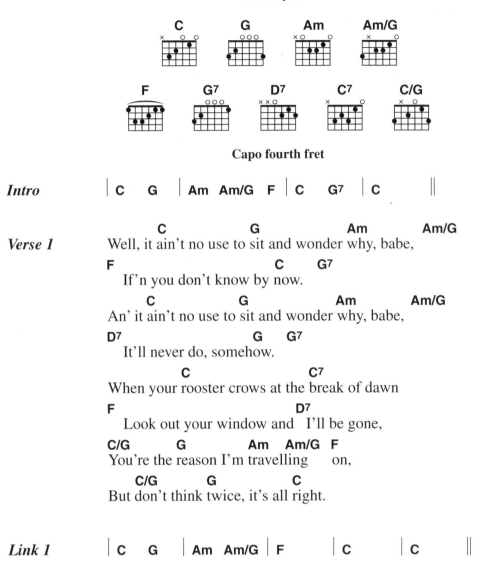

Capo fourth fret

Intro | C   G | Am   Am/G   F | C   G⁷ | C   ‖

Verse 1
           C   G   Am   Am/G
Well, it ain't no use to sit and wonder why, babe,
F   C   G⁷
  If'n you don't know by now.
           C   G   Am   Am/G
An' it ain't no use to sit and wonder why, babe,
D⁷   G   G⁷
  It'll never do, somehow.
               C   C⁷
When your rooster crows at the break of dawn
F   D⁷
  Look out your window and   I'll be gone,
C/G   G   Am   Am/G   F
You're the reason I'm travelling   on,
           C/G   G   C
But don't think twice, it's all right.

Link 1 | C   G | Am   Am/G | F | C | C   ‖

Verse 2

       C   G   Am   Am/G
An' it ain't no use in turning on your light, babe,

       F   C   G7
The light I never knowed.

       C   G   Am   Am/G
An' it ain't no use in turning on your light, babe,

D7   G   G7
  I'm on the dark side of the road.

      C   C7
But I wish there was something you would   do or say

   F   D7
To try and make me change my mind and stay,

    C/G G   Am   Am/G   F
We never did too much talking anyway

    C/G   G   C
So don't think twice, it's all right.

Link 2 | C   G | Am Am/G | F | C | C   ‖

Verse 3

       C   G   Am   Am/G
No, it ain't no use in calling out my name, gal,

F   C   G7
  Like you never done before.

      C   G   Am   Am/G
It ain't no use in calling out my name, gal,

D7   G   G7
  I can't hear you any more.

      C   C7
I'm a-thinking and a-wondering walking down the road,

   F   D7
I once loved a woman, a child I am told,

   C/G   G   Am   Am/G   F
I give her my heart but she wanted my soul

    C/G   G   C
But don't think twice, it's all right.

Link 3 | C   G | Am Am/G | F | C   G | C | C   ‖

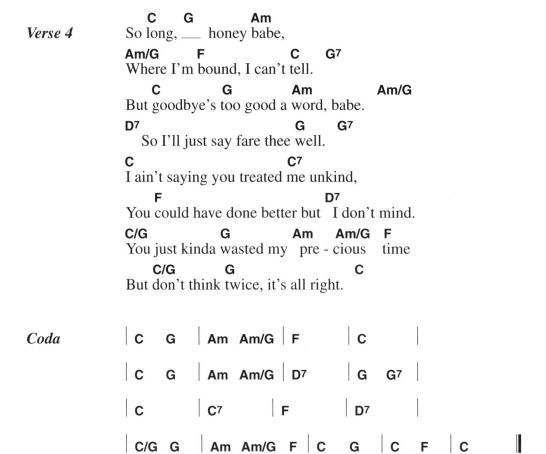

Verse 4

    C   **G**   **Am**
So long, ⎯ honey babe,

Am/G   **F**   **C**   **G7**
Where I'm bound, I can't tell.

    C   **G**   **Am**   **Am/G**
But goodbye's too good a word, babe.

D7   **G**   **G7**
  So I'll just say fare thee well.

C   **C7**
I ain't saying you treated me unkind,

     F   **D7**
You could have done better but I don't mind.

C/G   **G**   **Am** **Am/G** **F**
You just kinda wasted my pre - cious   time

    C/G   **G**   **C**
But don't think twice, it's all right.

Coda

| C   G | Am Am/G | F | C |

| C   G | Am Am/G | D7 | G   G7 |

| C | C7 | F | D7 |

| C/G G | Am Am/G F | C   G | C F | C   ‖

Gotta Serve Somebody

Words & Music by
Bob Dylan

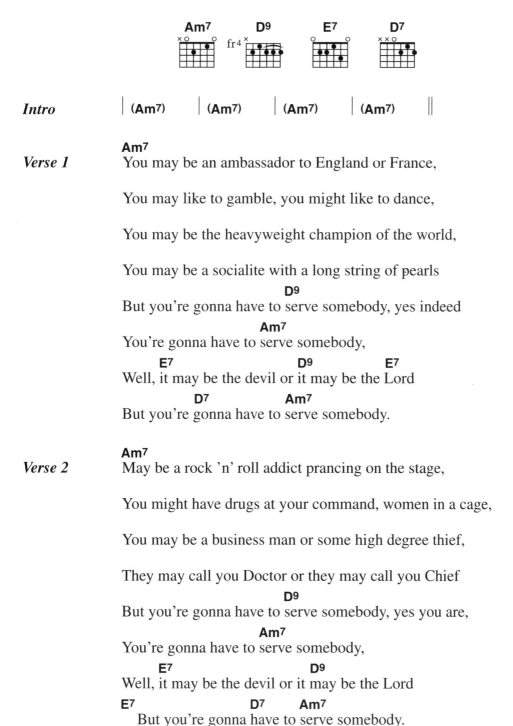

Intro | (Am7) | (Am7) | (Am7) | (Am7) ||

Verse 1

Am7
You may be an ambassador to England or France,

You may like to gamble, you might like to dance,

You may be the heavyweight champion of the world,

You may be a socialite with a long string of pearls
                                           D9
But you're gonna have to serve somebody, yes indeed
                                Am7
You're gonna have to serve somebody,
   E7   **D9**   **E7**
Well, it may be the devil or it may be the Lord
             D7   **Am7**
But you're gonna have to serve somebody.

Verse 2

Am7
May be a rock 'n' roll addict prancing on the stage,

You might have drugs at your command, women in a cage,

You may be a business man or some high degree thief,

They may call you Doctor or they may call you Chief
                              D9
But you're gonna have to serve somebody, yes you are,
                      Am7
You're gonna have to serve somebody,
   E7   **D9**
Well, it may be the devil or it may be the Lord
E7   **D7**   **Am7**
   But you're gonna have to serve somebody.

Verse 3

Am⁷
You may be a state trooper, you might be a young Turk,

You may be the head of some big TV network,

You may be rich or poor, you may be blind or lame,

You may be living in another country under another name
                             D⁹
But you're gonna have to serve somebody, yes you are,
                       Am⁷
You're gonna have to serve somebody,
   E⁷   **D⁹**
Well, it may be the devil or it may be the Lord
E⁷   **D⁷**   **Am⁷**
But you're gonna have to serve somebody.

Verse 4

Am⁷
May be a construction worker working on a home,

You might be living in a mansion, you might live in a dome,

You might own guns and you might even own tanks,

You might be somebody's landlord, you may even own banks
                    D⁹
But you're gonna have to serve somebody, yes
                Am⁷
You're gonna have to serve somebody,
   E⁷   **D⁹**   **E⁷**
Well, it may be the devil or it   may be the Lord
          D⁷   **Am⁷**
But you're gonna have to serve somebody.

Verse 5

Am⁷
You may be a preacher with your spiritual pride,

You may be a city councilman taking bribes on the side,

May be working in a barbershop, you may know how to cut hair,

You may be somebody's mistress, may be somebody's heir

cont.
                                     D9
But you're gonna have to serve somebody, yes indeed
                         Am7
You're gonna have to serve somebody,
      E7   **D9**
Well, it may be the devil or it may be the Lord
E7   **D7**   **Am7**
But you're gonna have to serve somebody.

Verse 6
   Am7
Might like to wear cotton, might like to wear silk,

Might like to drink whiskey, might like to drink milk,

Might like to eat caviar, you might like to eat bread,

May be sleeping on the floor, sleeping in a king-sized bed
                             D9
But you're gonna have to serve somebody, yes indeed
                         Am7
You're gonna have to serve somebody,
      E7   **D9**
Well, it may be the devil or it may be the Lord
E7   **D7**   **Am7**
  But you're gonna have to serve somebody.

Verse 7
   Am7
You may call me Terry, you may call me Timmy,

You may call me Bobby, you may call me Zimmy,

You may call me R.J., you may call me Ray,

 You may call me anything but no matter what you say
                           D9
You're still gonna have to serve somebody, yes
                       Am7
You're gonna have to serve somebody.
      E7   **D9**   **E7**
Well, it may be the devil or it may be the Lord
          D7   **Am7**
But you're gonna have to serve somebody.

Coda   ‖: **Am7** | **Am7** | **Am7** | **Am7**   :‖ *Repeat to fade*

Forever Young

Words & Music by
Bob Dylan

D F#m/C# Em7 G A7sus4 A7 A Bm

Intro | D | D | D | D ||

Verse 1
         D
May God bless and keep you always,
      F#m/C#
May your wishes all come true,
      Em7
May you always do for others
    G   **D**
And let others do for you.

      D
May you   build a ladder to the stars
      F#m/C#
And climb on every rung,
      Em7   **A7sus4** **A7**
May you stay
      D
Forever young,

Chorus 1
      A   **Bm**
Forever young, _____ forever young, _____
   D   **A**   **D**
May you   stay __ forever young.

Verse 2
      D
May you grow up to be righteous,
      F#m/C#
May you grow up to be true,
      Em7
May you always know the truth
    G   **D**
And see the lights surrounding you.

cont.

      D
May you always be courageous,
    F♯m/C♯
Stand upright and be strong,
          Em⁷   **A⁷sus⁴** **A⁷**
And may you stay
    D
Forever young,

Chorus 2
      A   **Bm**
Forever young, ____ forever young, ____
      D   **A**   **D**
May you stay ____ forever   young.

Verse 3
      D
May your hands always be busy,
      F♯m/C♯
May your feet always be swift,
   G
May you have a strong foundation
                 D
When the winds of changes shift. ___
   D
May your heart always be joyful,
    F♯m/C♯
May your song always be sung,
   G   **A⁷sus⁴** **A⁷**
May you stay
   D
Forever   young,

Chorus 3
      A   **Bm**
Forever young, ____ forever young, ____
      D   **A**   **D**
May you stay ____ forever young.

Coda

	D	**F♯m/C♯**	**G**	**G**	**D**	**D**	
	D	**F♯m/C♯**	**G**	**A**	**D**	**D**	
	A	**A**	**Bm**	**Bm**			
	D	**A**	**D**	**D**			

Hurricane

Words by Bob Dylan & Jacques Levy
Music by Bob Dylan

Am   F   C   G   Dm   Em

Intro

‖: Am | F | Am | F   :‖

Verse 1

Am   F
  Pistol shots ring out in the bar-room night,
Am   F
Enter Patty Valentine from the upper hall.
Am   F
  She sees the bartender in a pool of blood,
Am   F
  Cries out, "My God, they killed them all!"

Chorus 1

C N.C.   F N.C.   G
  Here comes the story of the Hurricane,
C N.C.   F N.C.   G
  The man the authorities came to blame
Dm   C
  For something that he never done.
Dm   C   Em   Am
  Put in a prison cell, but one time he could-a been
F   C   G
The champion of the world.

Link 1

| Am | F | Am | F   ‖

Verse 2

Am   F
  Three bodies lying there does Patty see
   Am   F
And another man named Bello, moving around mysteriously.
Am   F
  "I didn't do it," he says, and he throws up his hands
   Am   F
"I was only robbing the register, I hope you understand."

Chorus 2

C N.C.   F N.C.   G
"I saw them leaving," he says, and he stops
C N.C.   F N.C.   G
"One of us had better call up the cops."
Dm   C
And so Patty calls the cops
Dm   C   Em   Am
And they arrive on the scene with their red lights flashing
      F   C   G
In the hot New Jersey night.

Link 2

| Am | F | Am | F ||

Verse 3

Am   F
Meanwhile, far away in another part of town
Am   F
Rubin Carter and a couple of friends are driving around.
Am   F
Number one contender for the middleweight crown,
      Am   F
Had no idea what kinda shit was about to go down.

Chorus 3

C N.C.   F N.C.   G
When a cop pulled him over to the side of the road
C N.C.   F N.C.   G
Just like the time before and the time before that.
    Dm   C
In Paterson that's just the way things   go.
            Dm   C   Em   Am
If you're black you might as well not show up on the street
           F   C   G
'Less you wanna draw the heat. _____

Link 3

| Am | F | Am | F ||

Verse 4

Am   F
Alfred Bello had a partner and he had a rap for the cops:
Am   F
Him and Arthur Dexter Bradley were just out   prowling around.
   Am   F
He said, "I saw two men running out, they looked like middleweights,
      Am   F
They jumped into a white car with out-of-state plates."

Chorus 4

```
C  N.C.                        F  N.C.              G
  And Miss Patty Valentine just nodded her head.
C        N.C.                  F  N.C.              G
Cop said, "Wait a minute, boys, this one's not dead."
          Dm                         C
So they took him to the infirmary
Dm                                   C
  And though this man could hardly see
      Em              Am   F        C     G
They told him he could identify the guilty men. ____
```

Link 4

```
| Am    | F    | Am    | F      ‖
```

Verse 5

```
Am                              F
  Four in the morning and they haul Rubin in,
      Am                              F
They took him to the hospital and they brought him upstairs.
      Am                            F
The wounded man looks up through his one dying eye,
        Am                          F
Says, "Why'd you bring him in here for? He ain't the guy!"
```

Chorus 5

```
C  N.C.                    F  N.C.        G
  Yes, here's the story of the  Hurricane,
C  N.C.                    F  N.C.        G
  The man the authorities came to blame
Dm                           C
  For something that he never done.
Dm                      C    Em            Am
  Put in a prison cell, but one time he could've been
      F           C     G
The champion of the world. ____
```

Link 5

```
| Am    | F    | Am    | F      ‖
```

Verse 6

```
Am                      F
  Four months later, the ghettos are in flame,
Am                          F
Rubin's in South America, fighting for his name
      Am                              F
While Arthur Dexter Bradley's still in the robbery game
        Am
And the cops are putting the screws to him,
            F
Looking for somebody to blame.
```

Chorus 6

    C N.C.   F N.C.   G
"Remember that murder that happened in a bar?"

  C N.C.   F N.C.   G
"Remember you said you saw the getaway car?"

       Dm   C
"You think you'd like to play ball with the law?"

  Dm   C   Em   Am
"Think it might've been that fighter that you saw running that night?"

          F   C   G
"Don't forget that you are white." ____

Link 6 | Am | F | Am | F   ‖

Verse 7

  Am   F
Arthur Dexter Bradley said, "I'm really not sure."

       Am   F
The cops said, "A poor boy like you could use a break,

      Am   F
We got you for the motel job and we're talking to your friend Bello,

      Am   F
Now you don't want to have to go back to jail, be a nice fellow.

Chorus 7

  C N.C.   F N.C.   G
You'll be doing society a favour.

  C N.C.   F N.C.   G
That son-of-a-bitch is brave and getting braver.

  Dm   C
We want to put his ass in stir,

  Dm   C   Em   Am
We want to pin this triple murder on him

     F   C   G
He ain't no Gentleman Jim." ____

Link 7 | Am | F | Am | F   ‖

Verse 8

  Am   F
Rubin could take a man out with just one punch

      Am   F
But he never did like to talk about it all that much.

      Am   F
"It's my work", he'd say, "and I do it for pay

  Am   F
And when it's over I'd just as soon go on my way."

Chorus 8

C N.C.   F N.C.   G
Up to some paradise

C N.C.   F N.C.   G
Where the trout streams flow and the air is nice,

Dm   C
And ride a horse along the trail.

Dm   C   Em
But then they took him to the jailhouse

          Am   F   C   G
Where they try to turn a man into a mouse. ____

Link 8

| Am | F | Am | F | ‖

Verse 9

Am   F
All of Rubin's cards were marked in advance,

    Am   F
The trial was a pig-circus, he never had a chance.

    Am   F
The judge made Rubin's witnesses drunkards from the slums,

      Am   F
To the white folks who watched he was a revolutionary bum.

Chorus 9

C N.C.   F N.C.   G
And to the black folks he was just a crazy nigger.

C N.C.   F N.C.   G
No one doubted that he pulled the trigger.

Dm   C
And though they could not produce the gun,

Dm   C   Em   Am
The D.A. said he was the one who did the deed

      F   C   G
And the all-white jury agreed. ____

Link 9

| Am | F | Am | F | ‖

Verse 10

Am   F
Rubin Carter was falsely tried.

    Am   F
The crime was murder "one", guess who testified?

Am   F
Bello and Bradley and they both baldly lied,

     Am   F
And the newspapers, they all went along for the ride.

Chorus 10

C N.C.   F N.C.   G
·How can the life of such a man

C N.C.   F N.C.   G
Be in the palm of some fool's hand?

Dm   C
To see him obviously framed

Dm   C   Em   Am
Couldn't help but make me feel ashamed to live in a land

F   C   G
Where justice is a game. ____

Link 10

| Am | F | Am | F ‖

Verse 11

Am   F
Now all the criminals in their coats and their ties

Am   F
Are free to drink martinis and watch the sun rise,

Am   F
While Rubin sits like Buddha in a ten-foot cell,

Am   F
An innocent man in a living hell.

Chorus 11

C N.C.   F N.C.   G
Yes, that's the story of the Hurricane,

C N.C.   F N.C.   G
But it won't be over till they clear his name

Dm   C
And give him back the time he's   done.

Dm   C   Em   Am
Put in a prison cell, but one time he could've been

F   C   G
The champion of the world. ____

Coda

| Am | F | Am | F |

| Am | F | Am | F |

| C | F | C | F |

| Dm | C | Dm | C Em |

| Am F | C | G ‖

‖: Am | F | Am | F :‖ *Repeat to fade*

A Hard Rain's A-Gonna Fall

Words & Music by
Bob Dylan

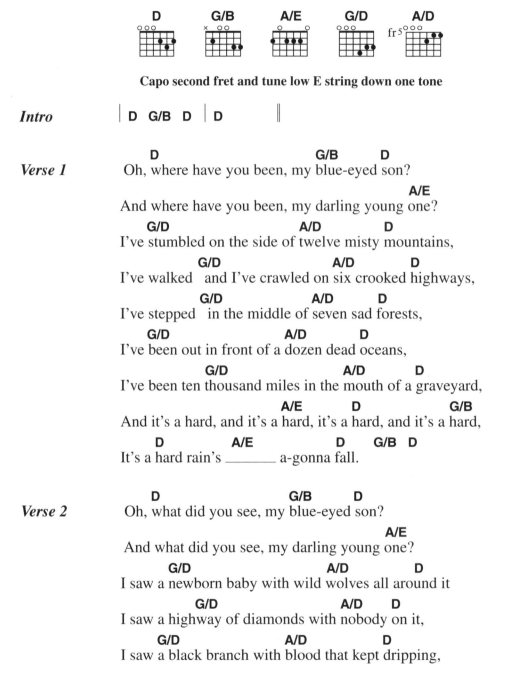

Capo second fret and tune low E string down one tone

Intro | D G/B D | D ‖

Verse 1
         D   G/B   D
Oh, where have you been, my blue-eyed son?

                                 A/E
And where have you been, my darling young one?

   G/D   A/D   D
I've stumbled on the side of twelve misty mountains,

         G/D   A/D   D
I've walked   and I've crawled on six crooked highways,

         G/D   A/D   D
I've stepped   in the middle of seven sad forests,

      G/D   A/D   D
I've been out in front of a dozen dead oceans,

         G/D   A/D   D
I've been ten thousand miles in the mouth of a graveyard,

                   A/E   D   G/B
And it's a hard, and it's a hard, it's a hard, and it's a hard,

    D   A/E   D   G/B D
It's a hard rain's _____ a-gonna fall.

Verse 2
         D   G/B   D
Oh, what did you see, my blue-eyed son?

                           A/E
And what did you see, my darling young one?

   G/D   A/D   D
I saw a newborn baby with wild wolves all around it

         G/D   A/D   D
I saw a highway of diamonds with nobody on it,

    G/D   A/D   D
I saw a black branch with blood that kept dripping,

cont.

          G/D   **A/D**   **D**
I saw a room full of men with their hammers a-bleeding,

      G/D   **A/D**   **D**
I saw a white ladder all covered with water,

        G/D   **A/D**   **D**
I saw ten thousand talkers whose tongues were all broken,

         G/D   **A/D**   **D**
I saw guns and sharp swords in the hands of young children,

              A/E   **D**   **G/B**
And it's a hard, it's a hard, it's a hard, and it's a hard,

    D   **A/E**   **D**   **G/B D**
It's a hard rain's ——— a-gonna fall.

Verse 3

        D   **G/B**   **D**
And what did you hear, my blue-eyed son?

                         A/E
And what did you hear, my darling young one?

      G/D   **A/D**   **D**
I heard the sound of a thunder that roared out a warning,

      G/D   **A/D**   **D**
I heard the roar of a wave that could drown the whole world,

      G/D   **A/D**   **D**
I heard one hundred drummers whose hands were a-blazing,

      G/D   **A/D**   **D**
I heard ten thousand whispering and nobody listening,

      G/D   **A/D**   **D**
I heard one person starve, I heard many people laughing,

        G/D   **A/D**   **D**
I heard the song of a poet who died in the gutter,

         G/D   **A/D**   **D**
I heard the sound of a clown who cried in the alley,

          A/E   **D**   **G/B**
And it's a hard, it's a hard, it's a hard, it's a hard,

    D   **A/E**   **D**   **G/B D**
It's a hard rain's ——— a-gonna fall.

Verse 4

        D   **G/B**   **D**
Oh, what did you meet, my blue-eyed son?

                        A/E
And who did you meet, my darling young one?

    G/D   **A/D**   **D**
I met a young child beside a dead pony,

     G/D   **A/D**   **D**
I met a white man who walked a black dog,

cont.

      G/D   **A/D**   **D**
I met a young woman whose body was burning,
      G/D   **A/D**   **D**
I met a young girl, she gave me a rainbow,
      G/D   **A/D**   **D**
I met one man who was wounded in love,
      G/D   **A/D**   **D**
I met another man who was wounded in hatred,
                     A/E   **D**   **G/B**
And it's a hard, it's a hard, it's a hard, it's a hard,
     D   **A/E**   **D** **G/B D**
It's a hard rain's _____ a-gonna fall.

Verse 5

      D   **G/B**   **D**   **G/B D**
And what'll you do now, my blue-eyed son?
                         A/E
And what'll you do now, my darling young one?
      G/D   **A/D**   **D**
I'm a-goin' back out 'fore the rain starts a-falling,
      G/D   **A/D**   **D**
I'll walk to the depths of the deepest dark forest,
        G/D   **A/D**   **D**
Where the people are many and their hands are all empty,
      G/D   **A/D**   **D**
Where the pellets of poison are flooding their waters,
        G/D   **A/D**   **D**
Where the home in the valley meets the damp dirty prison,
      G/D   **A/D**   **D**
And the executioner's face is always well hidden,
      G/D   **A/D**   **D**
Where hunger is ugly, where souls are forgotten,
       G/D   **A/D**   **D**
Where black is the color, where none is the number,
      G/D   **A/D**   **D**
And I'll tell it and speak it and think it and breathe it,
      G/D   **A/D**   **D**
And reflect from the mountain so all souls can see it,
       G/D   **A/D**   **D**
Then I'll stand on the ocean until I start sinking,
      G/D   **A/D** **D**
But I'll know my song well before I start singing,
                   A/E   **D**   **G/B**
And it's a hard, it's a hard, it's a hard, and it's a hard,
     D   **A/E**   **D** **G/B D**
It's a hard rain's _____ a-gonna fall.

I Want You

Words & Music by
Bob Dylan

D   F#m/C#   Bm   A7   G   A   F#m

Capo third fret

Intro | D | F#m/C# | Bm | A7 | D | D ||

Verse 1

    D
The guilty undertaker sighs,
    F#m/C#
The lonesome organ grinder cries,
    Bm   **A7**
The silver saxophones say I should refuse you.
    G
The cracked bells and washed-out horns
  A
    Blow into my face with scorn,
        Bm
But it's not that way,
           A7
I wasn't born to lose you.

Chorus 1

    D   **F#m/C#**
I want you, I want you,
  Bm   **A7**
I want you so bad,
        D
Honey, I want you.

Verse 2

    D
The drunken politician leaps
    F#m/C#
Upon the street where mothers weep
     Bm
And the saviours who are fast asleep,
      A7
They wait for you.

G
And I wait for them to interrupt

A
Me drinking from my broken cup

Bm
And ask me to

A⁷
Open up the gate for you.

Chorus 2

D   F♯m/C♯
I want you, I want you,

Bm   A⁷
Yes I   want you so bad,

            D
Honey, I want you.

Bridge

F♯m
Now all my fathers, they've gone down,

Bm
True love they've been without it

F♯m
But all their daughters put me down

G   A
'Cause I don't think about it.

Verse 3

D
Well, I   return to the Queen of Spades

F♯m/C♯
And talk with my chambermaid.

Bm
She knows that I'm not afraid

A⁷
To   look at her.

G
She is good to me

A
And there's   nothing she doesn't see.

Bm
She knows where I'd like to be

A⁷
But it doesn't   matter.

Chorus 3

      D   **F♯m/C♯**
I want you, I want you,

        Bm   **A⁷**
Yes I   want you so bad,

         D
Honey, I want you.

Verse 4

             D
Now your dancing child with his Chinese suit,

    F♯m/C♯
He spoke to me, I took his flute.

Bm
No, I wasn't very cute to him,

A⁷
  Was I?

    G
But I did it because he lied

A
  And because he took you for a ride

 Bm
  And because time was on his side

A⁷
  And because I…

Chorus 4

D   **F♯m/C♯**
Want you, I want you,

    Bm   **A⁷**
Yes I want you so bad,

Honey, I want (you.)

| **D** | **F♯m/C♯** | **Bm** | **A⁷** | |
you.

| **D** | **F♯m/C♯** | **Bm** | **A⁷** | :| *Repeat to fade*

If Not For You

Words & Music by
Bob Dylan

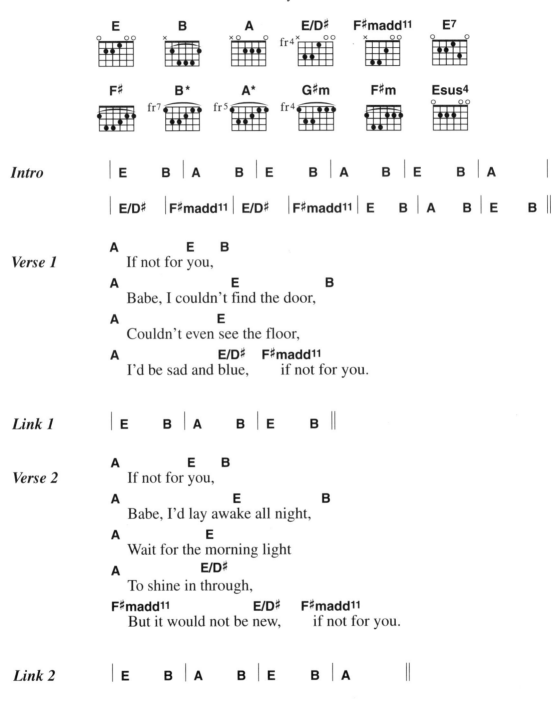

Intro

| E | B | A | B | E | B | A | B | E | B | A |
| E/D♯ | F♯madd11 | E/D♯ | F♯madd11 | E | B | A | B | E | B ‖

Verse 1

A   E B
If not for you,

A   E   B
Babe, I couldn't find the door,

A   E
Couldn't even see the floor,

A   E/D♯ F♯madd11
I'd be sad and blue,   if not for you.

Link 1

| E | B | A | B | E | B ‖

Verse 2

A   E B
If not for you,

A   E   B
Babe, I'd lay awake all night,

A   E
Wait for the morning light

A   E/D♯
To shine in through,

F♯madd11   E/D♯ F♯madd11
But it would not be new, if not for you.

Link 2

| E | B | A | B | E | B | A | ‖

Bridge 1

A
If not for you

E
My sky would fall,

B   E   E7
Rain would gather too.

A   E
Without your love I'd be nowhere at all,

F♯   B*   A*   G♯m   F♯m
I'd be lost if not for you, and you know it's true.

Link 3

| B*   A* | G♯m   F♯m | B*   A* | G♯m   F♯m |

| B*   A* | G♯m   F♯m | E   Esus4 | E   ‖

Bridge 2

A
If not for you

E
My sky would fall,

B   E   E7
Rain would gather too.

A   E
Without your love I'd be nowhere at all,

F♯   B*   A*   G♯m   F♯m
Oh! what would I do,   if not for you.

Link 4

| B*   A* | G♯m   F♯m | B*   A* | G♯m   F♯m |

| B*   A* | G♯m   F♯m | E   Esus4 | E   ‖

Verse 3

           E   B
If not for you,

A   E   B
Winter would have no spring,

A   E
Couldn't hear the robin sing,

A   E/D♯
I just wouldn't have a clue,

F♯madd11   E/D♯   F♯madd11   E   B
Anyway it wouldn't ring true,   if not for you.

Coda

‖: A   E   B :‖   *Repeat to fade*
     If not for you.

It Ain't Me Babe

Words & Music by
Bob Dylan

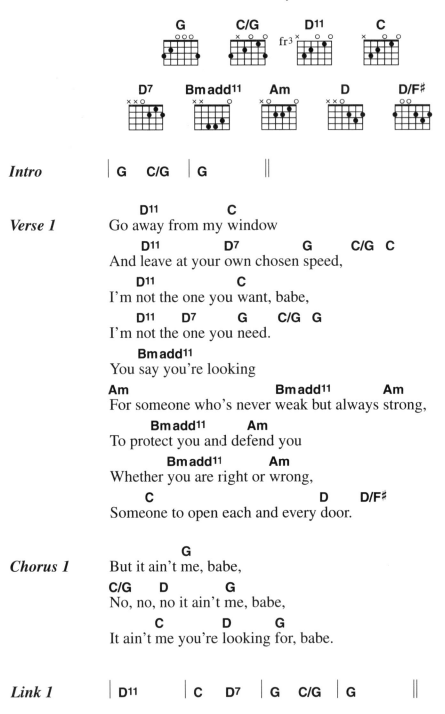

Intro | G C/G | G ||

Verse 1
    D11   **C**
Go away from my window
    D11   **D7**   **G**   **C/G C**
And leave at your own chosen speed,
    D11   **C**
I'm not the one you want, babe,
    D11   **D7**   **G**   **C/G G**
I'm not the one you need.
    Bmadd11
You say you're looking
Am   **Bmadd11**   **Am**
For someone who's never weak but always strong,
    Bmadd11   **Am**
To protect you and defend you
    Bmadd11   **Am**
Whether you are right or wrong,
    C   **D**   **D/F♯**
Someone to open each and every door.

Chorus 1
       G
But it ain't me, babe,
C/G **D**   **G**
No, no, no it ain't me, babe,
     C   **D**   **G**
It ain't me you're looking for, babe.

Link 1 | D11 | C D7 | G C/G | G ||

Verse 2

       D11   **C**
Go lightly from the ledge, babe,

      D11   **D7**   **G**   **C/G** **C**
Go lightly on the ground,

      D11   **C**
I'm not the one you want, babe,

       D11 **D7**   **G**   **C/G** **C**
I will only let you down.

      Bmadd11   **Am**
You say you're looking for someone,

       Bmadd11   **Am**
Who will promise never to part,

      Bmadd11   **Am**
Someone to close his eyes for you,

     Bmadd11   **Am**
Someone to close his heart.

       C   **D**   **D/F♯**
Someone who will die for you and more.

Chorus 2   As Chorus 1

Link 2 | **D11** | **C** | **D** **D/F♯** | **G** **C/G** | **G** ||

Verse 3

      D11   **C**
Go melt back in the night,

D11   **D7**   **G**   **C/G** **C**
Everything inside is made of stone,

      D11   **C**
There's nothing in here moving

      D11   **D7**   **G**   **C/G** **C**
And anyway I'm not alone.

      Bmadd11   **Am**
You say you're looking for someone

         Bmadd11   **Am**
Who'll pick you up each time you fall,

     Bmadd11   **Am**
To gather flowers constantly

      Bmadd11   **Am**
And to come each time you call.

      C   **D**   **D/F♯**
A lover for your life and nothing more.

Chorus 3   As Chorus 1

Coda | **D11** | **C** | **D11** **D7** | **G** **C/G** | **G** |

Jokerman

Words & Music by
Bob Dylan

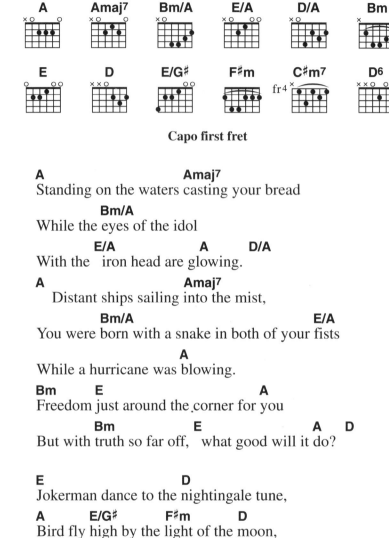

Capo first fret

Verse 1

     A   **Amaj⁷**
Standing on the waters casting your bread

          Bm/A
While the eyes of the idol

             E/A   **A**   **D/A**
With the   iron head are glowing.

     A   **Amaj⁷**
   Distant ships sailing into the mist,

         Bm/A   **E/A**
You were born with a snake in both of your fists

                  A
While a hurricane was blowing.

Bm   **E**   **A**
Freedom just around the corner for you

       Bm   **E**   **A**   **D**
But with truth so far off,   what good will it do?

Chorus 1

     E   **D**
Jokerman dance to the nightingale tune,

     A   **E/G♯**   **F♯m**   **D**
Bird fly high by the light of the moon,

C♯m⁷ **D⁶** **E** **A**
Oh, _____ Jokerman.

Verse 2

A   Amaj7
So swiftly the sun sets in the sky,

Bm/A   E/A   A D/A
You rise up and say goodbye to no one.

A   Amaj7
Fools rush in where angels fear to tread,

Bm/A   E/A   A
Both of their futures, so full of dread, you don't show one.

Bm   E   A
Shedding off one more layer of skin,

      Bm   E   A D
Keeping one step ahead of the persecutor within.

Chorus 2

E   D
Jokerman dance to the nightingale tune,

A   E/G♯   F♯m   D
Bird fly high by the light of the moon,

C♯m7 D6 E A
Oh, _____ Jokerman.

Verse 3

A   Amaj7
You're a man of the mountains, you can walk on the clouds,

Bm/A   E/A   A D/A
Manipulator of crowds, you're a dream twister.

         A
You're going to Sodom and Gomorrah

Amaj7
But what do you care?

Bm/A   E/A   A
Ain't nobody there would want to marry your sister.

Bm   E   A
Friend to the martyr, a friend to the woman of shame,

      Bm
You look into the fiery furnace,

E   A D
See the rich man without any name.

Chorus 3

E   D
Jokerman dance to the nightingale tune,

A   E/G♯   F♯m   D
Bird fly high by the light of the moon,

C♯m7 D6 E A
Oh, _____ Jokerman.

Link 1 | A | Amaj7 | Bm/A | E/A | A | D/A ‖

Verse 4

          A   **Amaj7**
Well, the Book of Leviticus and Deuteronomy,

    Bm/A   **E/A**   **A**   **D/A**
The law of the jungle and the sea are your only teachers.

       A   **Amaj7**
In the smoke of the twilight on a milk-white steed,

Bm/A   **E/A**   **A**
Michelangelo indeed could've carved out your features.

Bm   **E**   **A**
Resting in the fields, far from the turbulent space,

     Bm   **E**   **A**   **D**
Half asleep near the stars with a small dog licking your face.

Chorus 4

E   **D**
Jokerman dance to the nightingale tune,

A   **E/G♯**   **F♯m**   **D**
Bird fly high by the light of the moon,

C♯m7 D6 E A
Oh, _____ Jokerman.

Link 2 | **A** | **Amaj7** | **Bm/A** | **E/A** | **A** | **D/A** ||

Verse 5

         A   **Amaj7**
Well, the rifleman's stalking the sick and the lame,

    Bm/A   **E/A**   **A**   **D/A**
Preacherman seeks the same, who'll get there first is uncertain.

A   **Amaj7**
Nightsticks and water cannons, tear gas, padlocks,

   Bm/A   **E/A**   **A**
Molotov cocktails and rocks behind every curtain,

Bm   **E**   **A**
False-hearted judges dying in the webs that they spin,

     Bm   **E**   **A**   **D**
Only a matter of time 'til night comes stepping in.

Chorus 5

E   **D**
Jokerman dance to the nightingale tune,

A   **E/G♯**   **F♯m**   **D**
Bird fly high by the light of the moon,

C♯m7 D6 E A
Oh, _____ Jokerman.

Link 3 | **A** | **Amaj7** | **Bm/A** | **E/A** | **A** | **D/A** ||

Verse 6

       A   **Amaj7**
It's a shadowy world, skies are slippery gray,
  Bm/A   **E/A**
A woman just gave birth to a prince today
                  A   **D/A**
And dressed him in scarlet.
               A   **Amaj7**
He'll put the priest in his pocket, put the blade to the heat,
  Bm/A   **E/A**
Take the motherless children off the street
                A
And place them at the feet of a harlot.
Bm   **E**   **A**
Oh, Jokerman, you know what he wants,
Bm   **E**   **A**   **D**
Oh, Jokerman, you don't show any response.

Chorus 6

  E   **D**
Jokerman dance to the nightingale tune,
A   **E/G♯**   **F♯m**   **D**
Bird fly high by the light of the moon,
C♯m7 **D6** **E**   **A**
Oh, _____ Jokerman.

Coda

‖: A | Amaj7 | Bm/A | E/A | A | D/A :‖

| Bm | E | A | A |

| Bm | E | A | D |

| E | D | A E/G♯ | F♯m ‖

                                   Fade out

Just Like A Woman

Words & Music by
Bob Dylan

Intro | E   A B7 | E | E   A B7 | E   ‖

Verse 1
       E   A   B7 E   Esus4 E
Nobody feels any pain
              A   B7   E   Esus4 E
Tonight as I stand inside the rain,
    A   B7   A   B7
Everybody knows that baby's got new clothes
      A G♯m F♯m E   B7
But late - ly   I   see her ribbons and her bows
          C♯m E   A   B7
Have fallen from her curls.

Chorus 1
        E   G♯m F♯m   E   A
She takes just   like   a   woman, yes she does,
         E   G♯m F♯m E   A
She makes love just like   a   woman, yes she does,
           E   G♯m F♯m   E   A
And she aches just like   a   woman,
           B7   E
But she breaks just like a little girl.

Link | A* E* A* B | E*   ‖

Verse 2

```
             E    A    B7   E        Esus4  E
Queen Mary, she's my  friend.
                        A     B7   E        Esus4  E
Yes, I believe I'll go see her again.
        A         B7         A          B7
Nobody has to guess that baby can't be blessed
       A  G#m  F#m  E    B7
Till she finally sees   that she's like all the rest
           C#m                E      A        B7
With her fog, her amphetamine   and her pearls.
```

Chorus 2

```
          E    G#m  F#m   E   A
She takes just   like   a   woman, yes,
          E          G#m  F#m   E   A
She makes love just   like   a   woman, yes she does,
          E    G#m  F#m   E   A
And she aches just   like   a   woman,
          B7                    E
But she breaks just like a little girl.
```

Link

```
| A* E* A* B | E*          ||
```

Bridge

```
          G#7
It was raining from the first

And I was dying there of thirst
       E
So I   came in here.
          G#7
And your   longtime curse hurts
                      A
But what's worse is this pain in here,
B7
   I can't stay in here,

Ain't it clear:
```

Verse 3

                        E A   B7   E   Esus4 E
                That I   just can't fit.

                                    A   B7   E   Esus4 E
                Yes, I believe it's time for us to quit.

                A   B7   A   B7
                When we meet again, introduced as friends,

                A   G♯m F♯m E   B7
                Please don't let   on that you knew me when

                      C♯m   G♯m A B7
                I was hungry and it was your   world.

Chorus 3

                        E   G♯m F♯m E   A
                Ah you fake just   like   a   woman, yes you do,

                        E   G♯m F♯m E   A
                You make love just   like   a   woman, yes you do,

                        E G♯m F♯m E   A
                Then you ache just   like   a   woman,

                        B7   E
                But you break just like a little girl.

Link | A* E* A* B | E*   ‖

Coda | E   A B7 | E   Esus4 E | E   A B7 | E   Esus4 E |

              | A   B7 | A   B7 | A G♯m F♯m E | B7 |

              | C♯m   E   A | B7 | E G♯m F♯m E | A |

              | E G♯m F♯m E | A | E G♯m F♯m E | A |

              | B7 | A* E* A* B | E*   ‖

50

Just Like Tom Thumb's Blues

Words & Music by
Bob Dylan

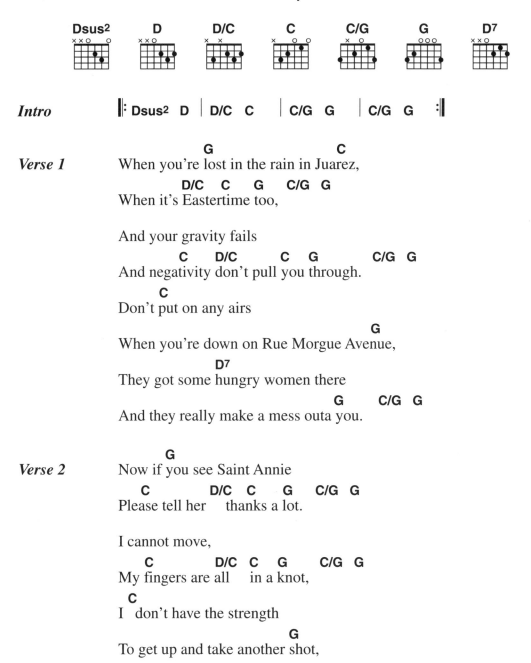

Intro   ‖: Dsus2 D │ D/C C │ C/G G │ C/G G :‖

Verse 1
               G   **C**
When you're lost in the rain in Juarez,
            D/C   **C**   **G**   **C/G** **G**
When it's Eastertime too,

And your gravity fails
            C   **D/C**   **C** **G**   **C/G** **G**
And negativity don't pull you through.
          C
Don't put on any airs
                             G
When you're down on Rue Morgue Avenue,
          D7
They got some hungry women there
                         G   **C/G** **G**
And they really make a mess outa you.

Verse 2
          G
Now if you see Saint Annie
       C   **D/C** **C**   **G** **C/G** **G**
Please tell her   thanks a lot.

I cannot move,
       C   **D/C** **C**   **G**   **C/G** **G**
My fingers are all   in a knot,
      C
I don't have the strength
                       G
To get up and take another shot,

cont.

D7
And my best friend, my doctor,

           G   **C/G** **G**
Won't even say what it is I've got.

Verse 3
  G
   Sweet Melinda,

    C   **G**   **C/G** **G**
The peasants call her the goddess of   gloom,

She speaks good English

           C   **D/C** **C** **G**   **C/G** **G**
And she invites you up into   her room.

    C
And you're so kind

                 G   **C/G** **G**
And careful not to go to her too soon,

    D7
And she takes your voice

               G   **C/G** **G**
And leaves you howling at the moon.

Verse 4
    G
Up on Housing Project Hill

C   **G**
  It's either fortune or fame:

You must pick one or the other,

        C   **D/C** **C**   **G**   **C/G** **G**
Though neither of them are to be what they   claim.

        C
If you're looking to get silly

               G   **C/G** **G**
You better go back to from where you came

        D7
Because the cops don't need you

           G **C/G** **G**
And man, they expect the same.

Verse 5
    G
Now all the authorities

C   **D/C** **C** **G**   **C/G** **G**
They just stand around   and boast

                            C
How they blackmailed the sergeant-at-arms

    D/C   **C** **G**   **C/G** **G**
Into leaving his post.

cont.

       C
And picking up Angel who
                     G   **C/G** **G**
Just arrived here from the coast,
           D7
Who looked so fine at first
                      G   **C/G** **G**
But left looking just like a ghost.

Solo

‖: **G** | **C** **D/C** **C** | **G** **C/G** | **G**   :‖

| **C** | **C** | **G** **C/G** | **C** |

| **D7** | **D7** | **G** **C/G** | **G**   ‖

Verse 6

        G
I started out on burgundy
        C   **D/C** **C** **G**   **C/G** **G**
But soon hit the hard - er   stuff,
                             C
Everybody said they'd stand behind me
        D/C **C** **G**   **C/G** **G**
When the game got rough.
        C
But the joke was on me,
                        G   **C/G** **G**
There was nobody even there to bluff.
           D7
I'm going back to New York City,
                   G   **C/G** **G**
I do believe I've had enough.

Coda

‖: **Dsus2** **D** | **D/C** **C** | **G**   **C/G** | **G**   :‖ *Repeat to fade*

Knockin' On Heaven's Door

Words & Music by
Bob Dylan

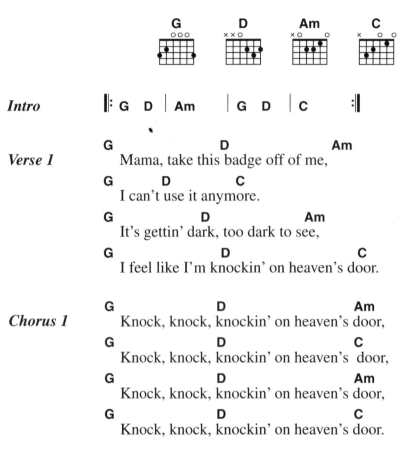

Intro

‖: G D │ Am │ G D │ C │ :‖

Verse 1

G   D   Am
Mama, take this badge off of me,

G   D   C
I can't use it anymore.

G   D   Am
It's gettin' dark, too dark to see,

G   D   C
I feel like I'm knockin' on heaven's door.

Chorus 1

G   D   Am
Knock, knock, knockin' on heaven's door,

G   D   C
Knock, knock, knockin' on heaven's door,

G   D   Am
Knock, knock, knockin' on heaven's door,

G   D   C
Knock, knock, knockin' on heaven's door.

Verse 3

         G   D   Am
         Mama, put my guns in the ground,

         G   D   C
         I can't shoot them anymore.

         G   D   Am
         That long black cloud is comin' down,

         G   D   C
         I feel like I'm knockin' on heaven's door.

Chorus 2

         G   D   Am
         Knock, knock, knockin' on heaven's door,

         G   D   C
         Knock, knock, knockin' on heaven's door,

         G   D   Am
         Knock, knock, knockin' on heaven's door,

         G   D   C
         Knock, knock, knockin' on heaven's door.

Coda | G D | Am | G D | C ||

                                   Fade out

2) WIPE THE BLOOD FROM MY FACE
I CAN'T SEE THROUGH IT ANY MORE
GOT A LONG RED FEELING AND ITS
HARD TO TRACE
FEELS LIKE IM KNOCKINE ON HEAVENS DOOR

Lay Lady Lay

Words & Music by
Bob Dylan

A   C#m   G   Bm   E   F#m   A*   D

fr5   fr4   fr3   fr2

Intro ‖: A C#m | G Bm :‖

Chorus 1
A   C#m G   Bm   A   C#m G Bm
Lay, lady, lay,   lay across my big brass bed.
A   C#m G   Bm   A   C#m G Bm
Lay, lady, lay,   lay across my big brass bed.

Verse 1
E   F#m   A*
Whatever colors you have in your mind,
E   F#m A*
I ll show them to you and you ll see them shine.

Chorus 2
A   C#m G   Bm   A   C#m G Bm
Lay, lady, lay,   lay across my big brass bed.
A   C#m G   Bm   A C#m G Bm
Stay, lady, stay,   stay with your man awhile.
A   C#m
Until the break of day,
G   Bm   A C#m G Bm
Let me see you make him smile.

Verse 2
E   F#m   A*
His clothes are dirty but his hands are clean.
E   F#m   A*
And you re the best thing that he s ever seen.

Chorus 3
A   C#m G   Bm   A C#m G Bm
Stay, lady, stay,   stay with your man awhile.

Bridge 1

C♯m   E D A*
Why wait any longer for the world to begin?

C♯m   Bm A*
You can have your cake and eat it too.

C♯m   E D A*
Why wait any longer for the one you love?

     C♯m   Bm
When he's standing in front of you.

Chorus 4

A   C♯m G Bm   A C♯m G Bm
Lay, lady, lay, lay across my big brass bed.

A   C♯m G   Bm   A C♯m G Bm
Stay, lady, stay, stay while the night is still ahead.

Verse 3

E   F♯m   A*
I long to see you in the morning light.

E   F♯m A*
I long to reach for you in the night.

Chorus 5

A   C♯m G   Bm   A C♯m G Bm
Stay, lady, stay, stay while the night is still ahead.

Coda | A* Bm | C♯m D | A*   ‖

Like A Rolling Stone

Words & Music by
Bob Dylan

C   **Fmaj⁷**   **Dm**   **Em**   **G**   **F**

Intro | C   Fmaj⁷ | C   Fmaj⁷ | C   Fmaj⁷ | C   Fmaj⁷ ‖

Verse 1
    C   Dm
Once upon a time you dressed so fine,
       Em   F   G
You threw the bums a dime in your prime,   didn't you?
    C   Dm   Em
People'd call, say "Beware, doll, you're bound to fall,"
               F   G
You thought they were all   a-kidding you.
F   G
   You used to   laugh about
F   G
   Everybody that was   hanging out.
F   Em Dm   C
   Now you don't talk so loud,
F   Em Dm   C
   Now you don't seem so proud,
   Dm   F   G
About having to be scrounging   your next meal.

Chorus 1
               C   F G
How does it feel,
               C   F G
How does it feel,
                 C   F G
To be without a home
                     C   F G
Like a complete unknown,
                C   F G
Like a rolling stone?

Link | C   F | G | G   ‖

Verse 2

        C   **Dm**   **Em**
You've gone to the finest school alright, Miss Lonely,

        F   **G**
But you know you only used to get juiced in it.

    C   **Dm**   **Em**
Nobody's ever taught you how to live out on the street

          F   **G**
And now you're gonna have to get used to it.

F   **G**
   You said you'd never compromise

F   **G**
   With the mystery tramp but now you realise

F   **Em**   **Dm** **C**
   He's not selling any alibis ___

F   **Em**   **Dm**   **C**
As you stare into the vacuum of his eyes

   Dm   **F**   **G**
And say "Do you want to make a deal?"

Chorus 2

            C   **F** **G**
How does it feel,

            C   **F** **G**
How does it feel,

              C   **F** **G**
To be on your own

              C   **F** **G**
With no direction home,

           C   **F** **G**
A complete unknown,

          C   **F** **G**
Like a rolling stone?

Link | **C** **F** | **G** | **G** ||

Verse 3

      C   **Dm**
You never turned around to see the frowns

Em   **F**
   On the jugglers and the clowns

             G
When they all did tricks for you.

      C   **Dm**
You never understood that it ain't no good,

     Em   **F**   **G**
You shouldn't let other people get your kicks for you.

cont.

<pre>
F   G
You used to ride on the chrome horse with your   diplomat
F   G
Who carried on his shoulder a   Siamese cat.
F   Em   Dm   C
Ain't it hard   when you discover that
F   Em   Dm   C
He really wasn't where it's at
Dm
After he took from you everything
F   G
He could steal? ___
</pre>

Chorus 3

<pre>
                  C   F G
How does it feel,
                  C   F G
How does it feel,
                C   F G
To be on your own
                    C   F G
With no direction home,
                    C   F G
Like a complete unknown,
                  C   F G
Like a rolling stone?
</pre>

Link

<pre>
| C   F | G | G   ‖
</pre>

Verse 4

<pre>
C   Dm   Em
Princess on the steeple and all the   pretty people
              F   G
They're all drinking, thinking that they   got it made,
C   Dm
Exchanging all   precious gifts
Em   F
But you'd better take your diamond ring,
G
You'd better pawn it babe.
F   G
You used to be   so amused
F   G
At Napoleon in rags   and the language that he used.
</pre>

cont.

    F   Em   Dm   C
Go to him now, he calls you, you can't refuse,

    F   Em   Dm   C
When you got nothing you got nothing to lose.

    Dm
You're invisible now, you got no secrets

    F   G
To conceal. ____

Chorus 4

              C   F G
How does it feel,

              C   F G
How does it feel,

                 C   F G
To be on your own

                    C   F G
With no direction home,

                     C   F G
Like a complete unknown,

                 C   F G
Like a rolling stone?

Coda   ‖: C   F | G | C   F | G   :‖   *Repeat to fade*

Not Dark Yet

Words & Music by
Bob Dylan

E   A   B   B/A   B/G♯   C♯m

Intro | E | A   E | E | E   A   E | E | E ||

Verse 1
       E   A   E
    Shadows are falling   and I've been here all day,

                    A   E
It's too hot to sleep,   time is running away. __

B   B/A   B/G♯   E
    Feel like my soul has turned into steel, __

C♯m   B   A   E
    I've still got the scars that the sun didn't heal. __

B   B/A   B/G♯   E
    There's not even room enough   to be anywhere.

C♯m   B   A   E
    It's not dark yet,   but it's getting there.

Link 1 | E | E ||

Verse 1
      E   A   E
    Well my sense of humanity   has gone down the drain,

                          A   E
Behind every beautiful thing there's been some kind of pain.

B   B/A   B/G♯   E
    She wrote me a letter and she wrote it so kind,

C♯m   B   A   E
    She put down in writing what was   in her mind.

B   B/A   B/G♯   E
    I just don't see why I should even care.

C♯m   B A   E
    It's not dark yet,   but it's getting there.

Link 2 | E | E ||

Verse 3

   E   A   E
Well, I've been to London and I've been to gay Paree,

                       A   E
I've followed the river and I got to the sea.

B   B/A   B/G♯   E
I've been down on the bottom of a world full of lies, ___

C♯m   B   A   E
I ain't looking for nothing in anyone's eyes, ___

B   B/A   B/G♯   E
Sometimes my burden is more than I can bear.

C♯m   B   A   E
It's not dark yet, but it's getting there.

Link 3

| E | A E | E | E A | E | |

| B B/A | B/G♯ E | E C♯m | B A | E | |

| B B/A | B/G♯ E | E C♯m | B A | E | E | ‖

Verse 4

   E   A   E
I was born here and I'll die here against my will, ___

                               A   E
I know it looks like I'm moving, but I'm standing still.

B   B/A   B/G♯   E
Every nerve in my body is so __ vacant and numb,

       C♯m   B   A   E
I can't even remember what it was I came here to get away from.

B   B/A   B/G♯   E
Don't even hear a murmur of a prayer.

C♯m   B   A   E
It's not dark yet, but it's getting there.

Coda

| E | E | A E | E | E A | E | |

| B B/A | B/G♯ E | E C♯m | B A | E | |

| B B/A | B/G♯ E | E C♯m | B A | E | ‖

63

Mr. Tambourine Man

Words & Music by
Bob Dylan

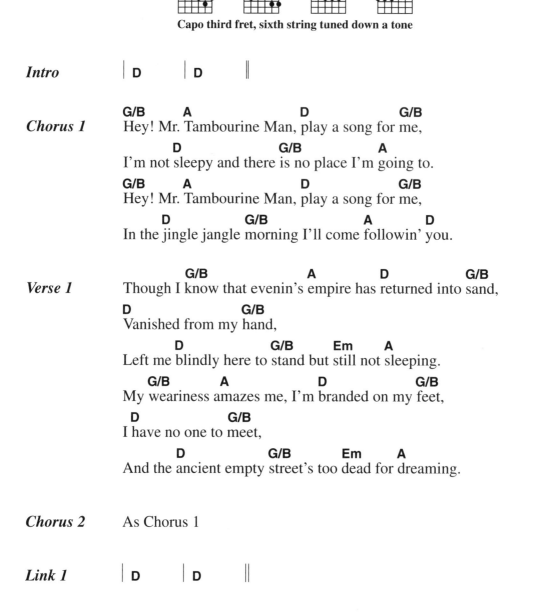

Capo third fret, sixth string tuned down a tone

Intro | D | D ||

Chorus 1

G/B A   D   G/B
Hey! Mr. Tambourine Man, play a song for me,
     D   G/B   A
I'm not sleepy and there is no place I'm going to.
G/B A   D   G/B
Hey! Mr. Tambourine Man, play a song for me,
    D   G/B   A   D
In the jingle jangle morning I'll come followin' you.

Verse 1

    G/B   A   D   G/B
Though I know that evenin's empire has returned into sand,
D   G/B
Vanished from my hand,
    D   G/B Em A
Left me blindly here to stand but still not sleeping.
   G/B   A   D   G/B
My weariness amazes me, I'm branded on my feet,
  D   G/B
I have no one to meet,
    D   G/B   Em   A
And the ancient empty street's too dead for dreaming.

Chorus 2 As Chorus 1

Link 1 | D | D ||

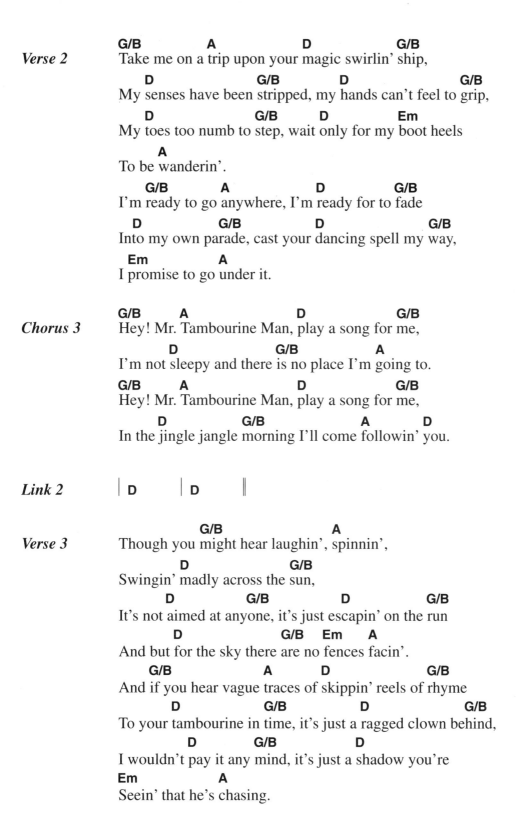

Verse 2

```
       G/B          A            D          G/B
Take me on a trip upon your magic swirlin' ship,
         D            G/B       D           G/B
My senses have been stripped, my hands can't feel to grip,
         D            G/B       D         Em
My toes too numb to step, wait only for my boot heels
          A
To be wanderin'.
         G/B        A            D          G/B
I'm ready to go anywhere, I'm ready for to fade
         D          G/B         D           G/B
Into my own parade, cast your dancing spell my way,
          Em           A
I promise to go under it.
```

Chorus 3

```
       G/B      A             D           G/B
Hey! Mr. Tambourine Man, play a song for me,
          D          G/B          A
I'm not sleepy and there is no place I'm going to.
G/B        A             D           G/B
Hey! Mr. Tambourine Man, play a song for me,
          D         G/B          A           D
In the jingle jangle morning I'll come followin' you.
```

Link 2 | D | D   ‖

Verse 3

```
               G/B              A
Though you might hear laughin', spinnin',
         D               G/B
Swingin' madly across the sun,
         D          G/B         D          G/B
It's not aimed at anyone, it's just escapin' on the run
          D              G/B Em    A
And but for the sky there are no fences facin'.
         G/B          A        D          G/B
And if you hear vague traces of skippin' reels of rhyme
          D          G/B         D           G/B
To your tambourine in time, it's just a ragged clown behind,
              D      G/B        D
I wouldn't pay it any mind, it's just a shadow you're
Em             A
Seein' that he's chasing.
```

Chorus 4

G/B   A   D   G/B
Hey! Mr. Tambourine Man, play a song for me,

       D   G/B   A
I'm not sleepy and there is no place I'm going to.

G/B   A   D   G/B
Hey! Mr. Tambourine Man, play a song for me,

       D   G/B   A   D
In the jingle jangle morning I'll come followin' you.

Harmonica
Break

| G/B A | D G/B | D G/B | D G/B | D G/B |

| D G/B | D Em | A | G/B A | D G/B |

| D G/B | D G/B | D Em | A D | D ||

Verse 4

     G/B   A   D   G/B
Then take me disappearin' through the smoke rings of my mind,

         D   G/B   D   G/B
Down the foggy ruins of time, far past the frozen leaves,

       D   G/B   D   G/B
The haunted, frightened trees, out to the windy beach,

       D   G/B   Em   A
Far from the twisted reach of crazy sorrow.

      G/B   A   D
Yes, to dance beneath the diamond sky with one hand waving free,

       D   G/B   D   G/B
Silhouetted by the sea, circled by the circus sands,

        D   G/B   D   G/B
With all memory and fate driven deep beneath the waves,

        D   Em   A
Let me forget about today until tomorrow.

Chorus 5   As Chorus 4

                                         Fade

Coda | G/B A | D G/B | D G/B | D G/B | D G/B ||

Positively 4th Street

Words & Music by
Bob Dylan

D   Em   fr3 G   A   Bm   A/D   Em/D   G/D

Capo fourth fret and tune low E string down one tone

Intro | D | D | D | D ||

Verse 1

D   Em
You got a lot of nerve

G   D
To say you are my friend.

      A
When I was down

G Bm   A
You just stood there grinning.

Verse 2

D   G
You got a lot of nerve

            D
To say you got a helping hand to lend,

     A   G
You just want to be on

  Bm   A
The side that's winning.

Verse 3

D   Em
You say I let you down,

 G   D
You know it's not like that.

     A
If you're so hurt

G Bm   A
Why then don't you show it?

Verse 4

```
      D              Em
    You say you've lost your faith
        G              D
But that's not where it's at,
              A
You have no faith to lose
G        Bm       A
    And you know it.
```

Verse 5

```
      D              Em
    I know the reason
          G              D
That you talk behind my back:
              A     G       Bm
I used to be among the crowd
                A
You're in with.
```

Verse 6

```
      D                    Em
    Do you take me for such a fool
G                    D
    To think I'd make contact
                        A
With the one who tries to hide
              G     Bm       A       A/D
What he don't know to begin with?
```

Verse 7

```
      D              Em
    You see me on the street,
G                      D
    You always act surprised.
                    A               G
You say, "How are you?… Good luck"
        Bm       A       A/D
But you don't mean it.
```

Verse 8

```
                  D              Em
When you know as well as me
              G       D
You'd rather see me paralyzed.
                A     G       Bm
Why don't you just come out once
        A              A/D
And   scream it?
```

Verse 9

      D   **Em**
      No, I do not feel that good
                G   **D**
When I see the heartbreaks you embrace,
         A   **G**
If I was a master thief
     Bm   **A**   **A/D**
Perhaps I'd rob them.

Verse 10

        D   **Em**
And though I know you're dissatisfied
           G   **D**
With your position and your place,
      A   **G**
Don't you understand
     Bm   **A**   **A/D**
It's not my problem.

Verse 11

    D   **Em**
    I wish that for just one time
          G   **D**
You could stand inside my shoes,
      A   **G**
And just for that one moment
Bm   **A**   **A/D**
I could be you.

Verse 12

     D   **Em**
Yes, I wish that for just one time
        G   **D**
You could stand inside my shoes.
      A **G**   **Bm**
You'd know what a drag it is
    A   **A/D**
To see you.

Coda

‖: D | Em/D | G/D | D |

| D A | G Bm | A | A/D :‖

Repeat and fade

Rainy Day Women #12 & 35

Words & Music by
Bob Dylan

F   B♭   C

Intro

| F | F | F | F | B♭ | B♭ |

| F | F | C | C | F | F ||

Verse 1

         F
Well, they'll stone you when you're trying to be so good,

They'll stone you just like they said they would.
        B♭
They'll stone you when you're trying to go home.
        F
Then they'll stone you when you're there all alone.
    C
But I would not feel so all alone,
F
Everybody must get stoned.

Verse 2

        F
 Well, they'll stone you when you're walking 'long the street.

They'll stone you when you're trying to keep your seat.
        B♭
They'll stone you when you're walking on the floor.
       F
They'll stone you when you're walking to the door.
    C
But I would not feel so all alone,
F
Everybody must get stoned.

Verse 3

F
 Well, they'll stone you when you're at the breakfast table.

They'll stone you when you are young and able.

cont.

       B♭
They'll stone you when you're trying to make a buck.

     F
They'll stone you and then they'll say, "good luck."

       C
Yeah but I   would not feel so all alone,

F
Everybody must get stoned.

Link 1   As Intro

          F
Verse 4   Well, they'll stone you and say that it's the end.

Then they'll stone you and then they'll come back again.
       B♭
They'll stone you when you're riding in your car.
      F
They'll stone you when you're playing your guitar.
       C
Yes, but I would not feel so all alone,
F
Everybody must get stoned, alright!

Link 2   As Intro

          F
Verse 5   Well, they'll stone you when you are all alone.

They'll stone you when you are walking home.
      B♭
They'll stone you and then say they are brave.
      F
They'll stone you when you are set down in your grave.
     C
But I would not feel so all alone,
F
Everybody must get stoned.

Coda | **F** | **F** | **F** | **F** |

           | **B♭** | **B♭** | **F** | **F** ||

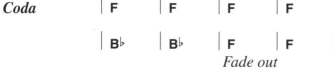
Fade out

She Belongs To Me

Words & Music by
Bob Dylan

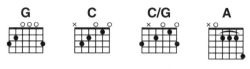

Capo second fret

Intro ‖ **G** ‖

Verse 1
        G
She's got everything she needs,
      C   **G**   **C/G** **G**
She's an artist, she don't look back.
      C
She's got everything she needs,
                         G   **C/G** **G**
She's an artist, she don't look back.

                 A
She can take the dark out of the night-time
      C   **G**   **C/G** **G**
And   paint the daytime black.

Verse 2
        G
You will start out standing,
C   **G**   **C/G** **G**
Proud to steal her anything she sees.
      C
You will start out standing,
                       G **C/G** **G**
Proud to steal her anything she sees.

          A   **C**
But you will wind up peeking through her keyhole
           G   **C/G** **G**
Down upon your knees.

Verse 3

    G
She   never stumbles,
   C   **G**   **C/G** **G**
She's got no place to fall.
   C
She never stumbles,
              G   **C/G** **G**
She's got no place to fall.
     A
She's nobody's child,
   C   **G**   **C/G** **G**
The Law can't touch her at all.

Link | **G** | **C** | **G** **C/G** | **G** | **C** | **C** |

            | **G** **C/G** | **G** | **A** | **C** | **G** **C/G** | **G** ||

Verse 4

         G
She wears an Egyptian ring,
   C   **G**   **C/G** **G**
It sparkles before she speaks.
     C
She wears an Egyptian ring
               G   **C/G** **G**
It sparkles before she speaks.
     A
She's a hypnotist collector,
   C   **G**   **C/G** **G**
You are a walking antique.

Verse 5

     G
Bow down to her on Sunday,
   C   **G**   **C/G** **G**
Salute her when her birthday comes.
   C
Bow down to her on Sunday,
              G   **C/G** **G**
Salute her when her birthday comes.
     A
For Halloween buy her a trumpet
    C   **G**   **C/G** **G**
And for Christmas, get her a drum.

Coda | **G** | **C** | **G** **C/G** | **G** ||
                                   Fade out

Series Of Dreams

Words & Music by
Bob Dylan

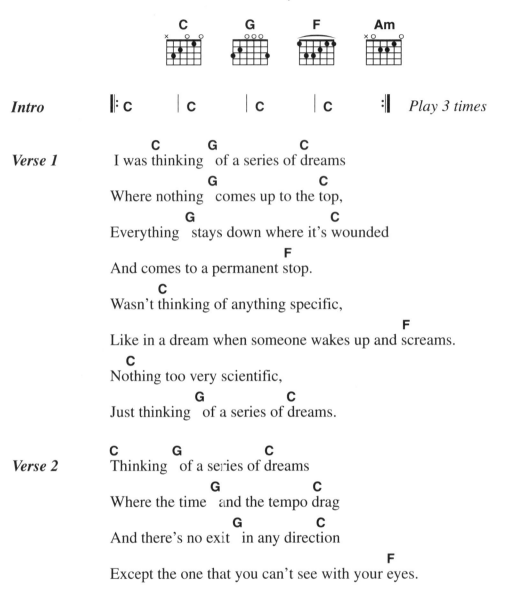

Intro   ‖: C | C | C | C   :‖   *Play 3 times*

Verse 1
          C   G   C
I was thinking   of a series of dreams
                G   C
Where nothing   comes up to the top,
             G   C
Everything   stays down where it's wounded
                         F
And comes to a permanent stop.
           C
Wasn't thinking of anything specific,

                                             F
Like in a dream when someone wakes up and screams.
         C
Nothing too very scientific,
             G   C
Just thinking   of a series of dreams.

Verse 2
        C   G   C
Thinking   of a series of dreams
                G   C
Where the time   and the tempo drag
                G   C
And there's no exit   in any direction
                                     F
Except the one that you can't see with your eyes.

             C
Wasn't making any great connection,

                                           F
Wasn't falling for any intricate scheme,

    C
Nothing that would pass inspection

            G   **C**
Just thinking of a series of dreams.

Bridge 1

Am   **F**   **C**
Dreams where the umbrella is folded

Am **F**   **C**
Into   the path you are hurled

          Am   **F**   **C**
And the cards are no good that you're holding,

                G
Unless they're from another world.

Verse 3

     C   **G**   **C**
In one, the surface was frozen,

           G   **C**
In another, I witnessed a crime,

        G   **C**
In one, I was running, and in another

                          F
All I seemed to be doing was climb.

        C
Wasn't looking for any special assistance

                               F
Not going to any great extremes.

        C
I'd already gone the distance

            G   **C**
Just thinking of a series of dreams.

Bridge 2

Am   **F**   **C**
Dreams where the umbrella is folded

Am **F**   **C**
Into   the path you are hurled

          Am   **F**   **C**
And the cards are no good that you're holding,

                G
Unless they're from another world.

Link 1 | C | G | C | C |

| C | C | F | F |

          C
I'd already gone the distance
                 G   C
Just thinking   of a series of dreams.

Link 2 | C | G | C | C |

                 G   C
Just thinking   of a series of dreams,
                 G   C
Just thinking   of a series of dreams.

Coda | C | C | F | F |

| C | C | C | C |

| C | C | F | F   ‖

                                 Fade out

Simple Twist Of Fate

Words & Music by
Bob Dylan

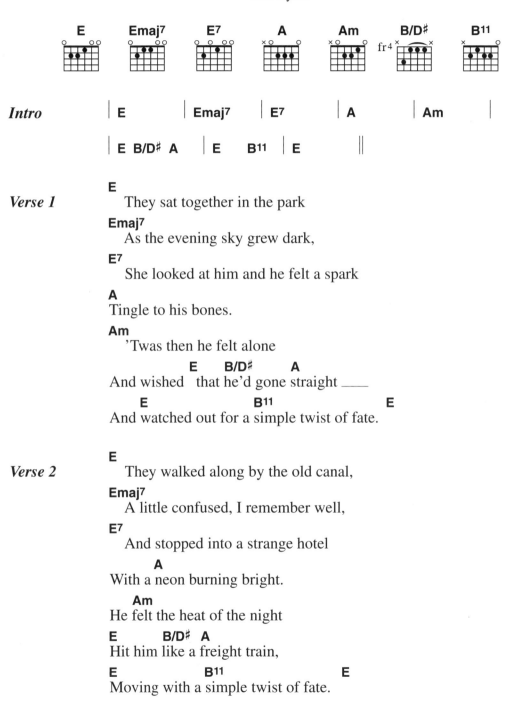

Intro | E | Emaj7 | E7 | A | Am |
| E B/D♯ A | E B11 | E   ‖

Verse 1

E
    They sat together in the park

Emaj7
    As the evening sky grew dark,

E7
    She looked at him and he felt a spark

A
Tingle to his bones.

Am
    'Twas then he felt alone

           E   **B/D♯**   **A**
And wished   that he'd gone straight _____

      E   **B11**   **E**
And watched out for a simple twist of fate.

Verse 2

E
    They walked along by the old canal,

Emaj7
    A little confused, I remember well,

E7
    And stopped into a strange hotel

      A
With a neon burning bright.

      Am
He felt the heat of the night

E   **B/D♯** **A**
Hit him like a freight train,

E   **B11**   **E**
Moving with a simple twist of fate.

Verse 3

E
    A saxophone some place far off played

Emaj⁷
    As she was walking on by the arcade,

E⁷
    As the light bust through a beat-up shade

      A
Where he was waking up.

       Am
She dropped a coin into the cup

    E   B/D♯ A
Of a blind man at the gate _____

E   B¹¹   E
    And forgot about a simple twist of fate.

Solo | E | Emaj⁷ | E⁷ | A | Am |

| E B/D♯ A | E B¹¹ | E ||

Verse 4

E
    He woke up, the room was bare,

Emaj⁷
    He didn't see her anywhere,

E⁷
    He told himself he didn't care,

      A
Pushed the window open wide,

     Am
Felt an emptiness inside

        E   B/D♯ A
To which he just could not relate

E   B¹¹   E
    Brought on by a simple twist of fate.

Verse 5

E
    He hears the ticking of the clocks

Emaj⁷
    And walks along with a parrot that talks,

E⁷
    Hunts her down by the waterfront docks

     A
Where the sailors all come in.

cont.

    Am
Maybe she'll pick him out again
    E   **B/D♯**   **A**
How long must he wait
E   **B11**   **E**
One more time for a simple twist of fate?

Verse 6

E
   People tell me it's a sin
Emaj7
   To know and feel too much within.
E7
    I still believe she was my twin
A
But I lost the ring.
Am
She was born in Spring
   E   **B/D♯**   **A**
But I was born too late, ____
E   **B11**   **E**
   Blame it on a simple twist of fate.

Coda | **E** | **Emaj7** | **E7** | **A** | **Am** |

            | **E B/D♯ A** | **E** **B11** | **E**   ‖

Shooting Star

Words & Music by
Bob Dylan

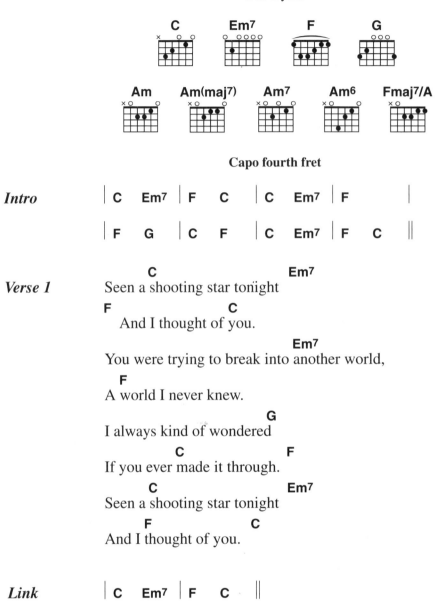

Capo fourth fret

Intro
|| C Em⁷ | F C | C Em⁷ | F |

| F G | C F | C Em⁷ | F C ||

Verse 1

                  C   Em⁷
Seen a shooting star tonight
F   C
   And I thought of you.

                                      Em⁷
You were trying to break into another world,
    F
A world I never knew.

                          G
I always kind of wondered
               C   F
If you ever made it through.
              C   Em⁷
Seen a shooting star tonight
              F   C
And I thought of you.

Link
|| C Em⁷ | F C ||

Verse 2

        C   Em7
Seen a shooting star tonight
F   C
  And I thought of me.

If I was still the same,
     Em7   F
If I ever became what you wanted me to be.

                    G
Did I miss the mark,   over-step the line
C   F
  That only you could see?
          C
Seen a shooting star tonight
Em7   F   C
  And I thought of me.

Bridge

Am   Am(maj7)
Listen to the engine, listen to the bell
Am7   Am6
  As the last fire truck   from hell
F   G   C
  Goes rolling by, all good people are praying.
          Am   Am(maj7)
It's the last temptation, the last account,
      Am7   Am6
Last time you might hear the sermon on the mount,
F   Fmaj7/E
  The last radio is playing.

Verse 3

         C   Em7
Seen a shooting star tonight
F   C
  Slip away,
               Em7 F
Tomorrow will be   another day.

                          G
Guess it's too late to say the things to you
         C   F
That you needed to hear me say.
         C   Em7
  Seen a shooting star tonight
F   C
  Slip away.

Coda

| C   Em7 | F   C | C   Em7 | F |

| F   G | C   F | C   Em7 | F   C ‖

Tangled Up In Blue

Words & Music by
Bob Dylan

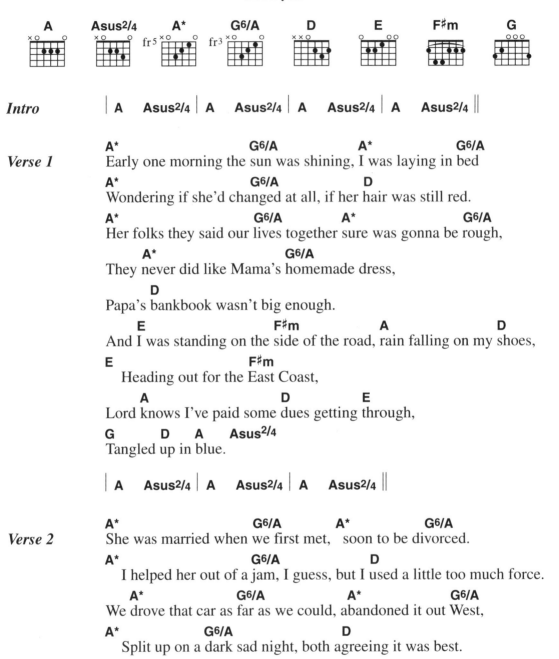

Intro
| A   Asus2/4 | A   Asus2/4 | A   Asus2/4 | A   Asus2/4 ‖

Verse 1

A*   G6/A   A*   G6/A
Early one morning the sun was shining, I was laying in bed

A*   G6/A   D
Wondering if she'd changed at all, if her hair was still red.

A*   G6/A   A*   G6/A
Her folks they said our lives together sure was gonna be rough,

         A*   G6/A
They never did like Mama's homemade dress,

         D
Papa's bankbook wasn't big enough.

         E   F♯m   A   D
And I was standing on the side of the road, rain falling on my shoes,

E   F♯m
   Heading out for the East Coast,

         A   D   E
Lord knows I've paid some dues getting through,

G   D   A   Asus2/4
Tangled up in blue.

| A   Asus2/4 | A   Asus2/4 | A   Asus2/4 ‖

Verse 2

A*   G6/A   A*   G6/A
She was married when we first met,   soon to be divorced.

A*   G6/A   D
   I helped her out of a jam, I guess, but I used a little too much force.

         A*   G6/A   A*   G6/A
We drove that car as far as we could, abandoned it out West,

A*   G6/A   D
   Split up on a dark sad night, both agreeing it was best.

cont.

E   F#m   A   D
She turned around to look at me as I was walking away,

E   F#m
  I heard her say over my shoulder,

        A   D   E
"We'll meet again someday on the avenue,"

G   D   A   Asus$^{2/4}$
Tangled up in blue.

| A   Asus2/4 | A   Asus2/4 | A   Asus2/4 ‖

Verse 3

A*   G6/A   A*   G6/A
I had a job in the great north woods working as a cook for a spell,

        A*   G6/A   D
But I never did like it all that much and one day the axe just fell.

        A*   G6/A   A*   G6/A
So I drifted down to New Orleans where I happened to be employed

A*   G6/A   D
Working for a while on a fishing boat right outside of Delacroix.

E   F#m   A   D
But all the while I was alone, the past was close behind,

E   F#m   A   D   E
I seen a lot of women but she never escaped my mind, and I just grew

G   D   A   Asus$^{2/4}$
Tangled up in blue.

| A   Asus2/4 | A   Asus2/4 | A   Asus2/4 ‖

Verse 4

A*   G/6A   A*   G6/A
She was working in a topless place and I stopped in for a beer,

      A*   G6/A   D
I just kept looking at the side of her face in the spotlight so clear.

        A*   G6/A
And later on when the crowd thinned out

      A*   G6/A
I's just about to do the same,

        A*   G6/A
She was standing there in back of my chair,

      D
Said to me, "Don't I know your name?"

E   F#m
I muttered something underneath my breath,

     A   D
She studied the lines on my face.

cont.

E   **F♯m**
I must admit I felt a little uneasy

        A   **D**   **E**
When she bent down to tie the laces of my shoe,

G   **D**   **A**   **Asus²/⁴**
Tangled up in blue.

| **A**   **Asus²/⁴** | **A**   **Asus²/⁴** | **A**   **Asus²/⁴** ‖

Verse 5

A*   **G⁶/A**   **A***   **G⁶/A**
She lit a burner on the stove and offered me a pipe.

A*   **G⁶/A**
"I thought you'd never say hello," she said,

     D
"You look like the silent type."

      A*   **G⁶/A**   **A***   **G⁶/A**
Then she opened up a book of poems and handed it to me,

A*   **G⁶/A**   **D**
Written by an Italian poet from the thirteenth century.

     E   **F♯m**
And every one of them words rang true

   A   **D**
And glowed like burning coal,

E   **F♯m**
Pouring off of every page

     A   **D**   **E**
Like it was written in my soul from me to you,

G   **D**   **A**   **Asus²/⁴**
Tangled up in blue.

| **A**   **Asus²/⁴** | **A**   **Asus²/⁴** | **A**   **Asus²/⁴** ‖

Verse 6

   A*   **G⁶/A**
I lived with them on Montague Street

   A*   **G⁶/A**
In a basement down the stairs,

       A*   **G⁶/A**
There was music in the cafés at night

     D
And revolution in the air.

      A*   **G⁶/A**
Then he started into dealing with slaves

     A*   **G⁶/A**
And something inside of him died.

A*   **G⁶/A**   **D**
She had to sell everything she owned and froze up inside.

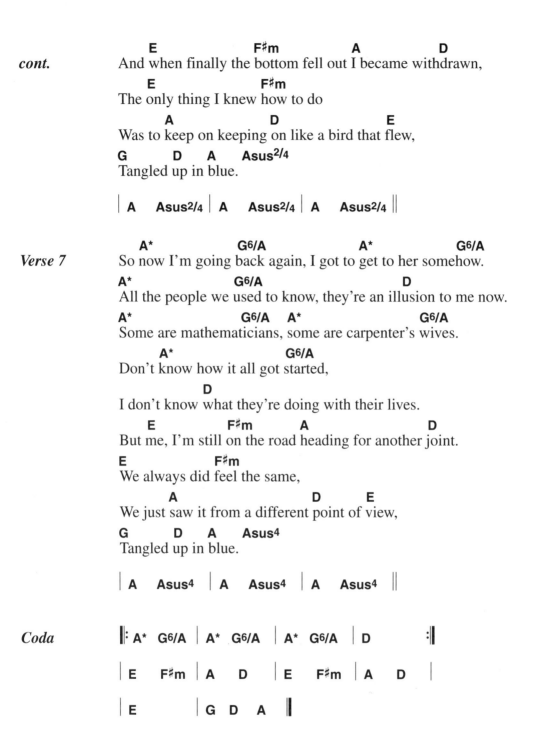

```
           E                F♯m              A                D
cont.   And when finally the bottom fell out I became withdrawn,
           E                F♯m
        The only thing I knew how to do
              A                    D                  E
        Was to keep on keeping on like a bird that flew,
        G        D      A      Asus²/⁴
        Tangled up in blue.

        | A    Asus²/⁴ | A    Asus²/⁴ | A    Asus²/⁴ ‖
```

```
              A*              G⁶/A               A*            G⁶/A
Verse 7   So now I'm going back again, I got to get to her somehow.
           A*              G⁶/A                       D
        All the people we used to know, they're an illusion to me now.
           A*              G⁶/A    A*                G⁶/A
        Some are mathematicians, some are carpenter's wives.
              A*                G⁶/A
        Don't know how it all got started,
                    D
        I don't know what they're doing with their lives.
              E           F♯m          A                    D
        But me, I'm still on the road heading for another joint.
        E           F♯m
        We always did feel the same,
              A                    D      E
        We just saw it from a different point of view,
        G        D      A      Asus⁴
        Tangled up in blue.

        | A    Asus⁴ | A    Asus⁴ | A    Asus⁴  ‖
```

```
Coda    ‖: A* G⁶/A | A* G⁶/A | A* G⁶/A | D          :‖

        | E  F♯m | A   D | E  F♯m | A   D  |

        | E       | G  D  A  ‖
```

Subterranean Homesick Blues

Words & Music by
Bob Dylan

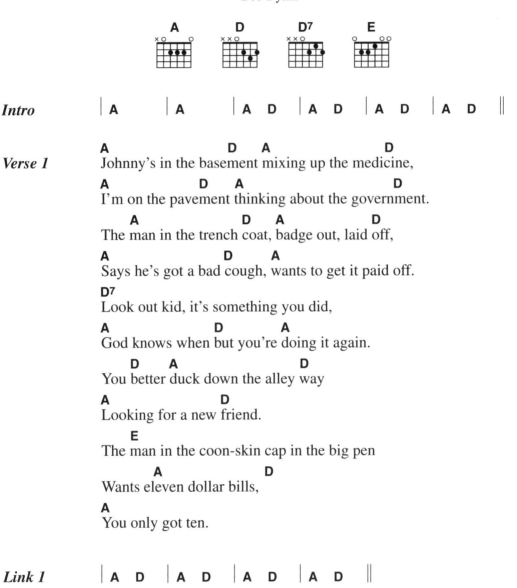

Intro | A | A | A D | A D | A D | A D ||

Verse 1
A   D   A   D
Johnny's in the basement mixing up the medicine,
A   D   A   D
I'm on the pavement thinking about the government.
    A   D   A   D
The man in the trench coat, badge out, laid off,
A   D   A
Says he's got a bad cough, wants to get it paid off.
D7
Look out kid, it's something you did,
A   D   A
God knows when but you're doing it again.
    D   A   D
You better duck down the alley way
A   D
Looking for a new friend.
    E
The man in the coon-skin cap in the big pen
        A   D
Wants eleven dollar bills,
A
You only got ten.

Link 1 | A D | A D | A D | A D ||

Verse 2

```
A                D   A              D
Maggie comes fleet-foot, face full of black soot,
A                D   A              D
Talking that the heat put plants in the bed, but
    A                D   A                  D
The phone's tapped anyway. Maggie says that many say
       A                D   A
They must bust in early May, orders from the D. A.
D7
Look out kid, don't matter what you did,
A                D   A        D
Walk on your tip toes, don't tie no bows,
A                D         A
Better stay away from those that carry around a fire hose.
E
    Keep a clean nose, watch the plain clothes,
    A                    D
You don't need a weather man
    A
To know which way the wind blows.
```

Link 2

| A   D | A   D | A   D | A   D ‖

Verse 3

```
A                D   A              D
Get sick, get well, hang around a ink well,
A                D   A                  D
Ring bell, hard to tell if anything is going to sell.
A        D    A           D
Try hard, get barred, get back, write braille,
A                D   A
Get jailed, jump bail, join the army if you fail.
D7
Look out kid, you're gonna get hit.
       A        D   A        D
But losers, cheaters, six-time users
A                    D
Hanging around the theaters.
E
Girl by the whirlpool's looking for a new fool.
A                D
Don't follow leaders,
A
Watch your parking meters.
```

Link 3

| A   D | A   D | A   D | A   D ‖

Verse 4
```
        A          D
Ah, get born, keep warm,
   A         D      A
Short pants, romance, learn to dance.
      D      A           D    A
Get dressed, get blessed, try to be a success,
        D    A           D
Please her, please him, buy gifts,
   A
Don't steal, don't lift.


Twenty years of schooling
D          A
And they put you on the day shift.
D7
Look out kid, they keep it all hid,
      A            D   A              D
Better jump down a manhole, light yourself a candle,
A          D    A
Don't wear sandals, try to avoid the scandals,
   E
   Don't wanna be a bum, you better chew gum.
      A          D
The pump don't work
          A
'Cause the vandals took the handles.
```

Coda   ‖: A   D | A   D :‖ *Repeat to fade*

Things Have Changed

Words & Music by
Bob Dylan

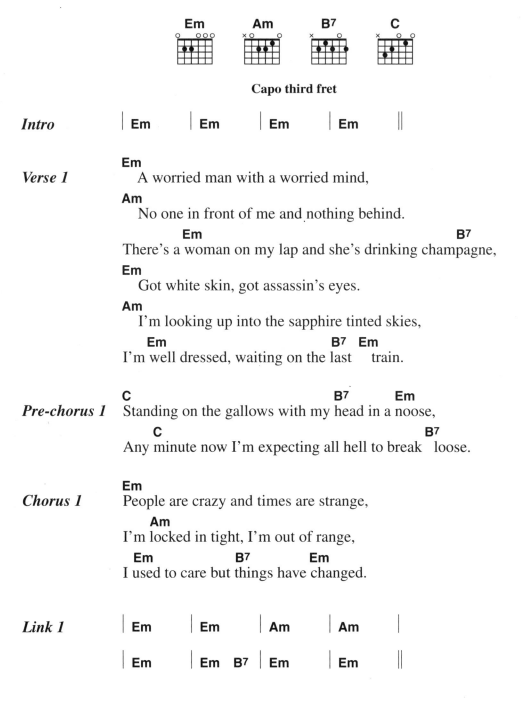

Capo third fret

Intro
| Em | Em | Em | Em | ||

Verse 1

Em
 A worried man with a worried mind,

Am
 No one in front of me and nothing behind.

    Em   B7
There's a woman on my lap and she's drinking champagne,

Em
 Got white skin, got assassin's eyes.

Am
 I'm looking up into the sapphire tinted skies,

  Em   B7 Em
I'm well dressed, waiting on the last train.

Pre-chorus 1

C   B7 Em
Standing on the gallows with my head in a noose,

   C   B7
Any minute now I'm expecting all hell to break loose.

Chorus 1

Em
People are crazy and times are strange,

  Am
I'm locked in tight, I'm out of range,

 Em   B7   Em
I used to care but things have changed.

Link 1
| Em | Em | Am | Am | |
| Em | Em B7 | Em | Em | ||

Verse 2

      Em
This place ain't doing me any good,

      Am
I'm in the wrong town, I should be in Hollywood.

      Em   **B7**
Just for a second there I thought I saw something move.

      Em
Gonna take dancing lessons, do the jitterbug rag,

      Am
Ain't no shortcuts, gonna dress in drag,

      Em   **B7**   **Em**
Only a fool in here would think he's got anything to prove.

Pre-chorus 2

C   **B7**   **Em**
Lot of water under the bridge, lot of other stuff too,

C   **B7**
Don't get up gentlemen, I'm only passing through.

Chorus 2

Em
People are crazy and times are strange,

      Am
I'm locked in tight, I'm out of range,

Em   **B7**   **Em**
I used to care but things have changed.

Link 2

| **Em** | **Em** | **Am** | **Am** | |
| **Em** | **Em** **B7** | **Em** | **Em** | |

Verse 3

      Em
I've been walking forty miles of bad road,

      Am
If the Bible is right, the world will explode.

      Em   **B7**
I've been trying to get as far away from myself as I can.

Em
   Some things are too hot to touch,

Am
   The human mind can only stand so much,

      Em   **B7**   **Em**
You can't win with a losing   hand.

Pre-chorus 3

      C   **B7**   **Em**
Feel like falling in love with the first woman I meet,

        C   **B7**
Putting her in a wheel barrow and wheeling her down the street.

Chorus 3

Em
People are crazy and times are strange,

    Am
I'm locked in tight, I'm out of range,

 Em   **B7**   **Em**
I used to care but things have changed.

Link 4

| Em | Em | Am | Am | |

| Em | Em **B7** | Em | Em ‖

Verse 4

Em
I hurt easy, I just don't show it,

     Am
You can hurt someone and not even know it.

   Em   **B7**
The next sixty seconds could be like an eternity,

     Em
Gonna get low down, gonna fly high,

     Am
All the truth in the world adds up to one big lie.

     Em   **B7**   **Em**
I'm in love with a woman who don't even appeal to me.

Pre-chorus 4

     C   **B7**   **Em**
Mr. Jinx and Miss Lucy, they jumped in the lake,

C   **B7**
  I'm not that eager to make a mistake.

Chorus 4

Em
People are crazy and times are strange,

    Am
I'm locked in tight, I'm out of range,

 Em   **B7**   **Em**
I used to care but things have changed.

Coda

| Em | Em | Am | Am | |

| Em | Em **B7** ‖

Fade out

This Wheel's On Fire

Words by Bob Dylan
Music by Rick Danko

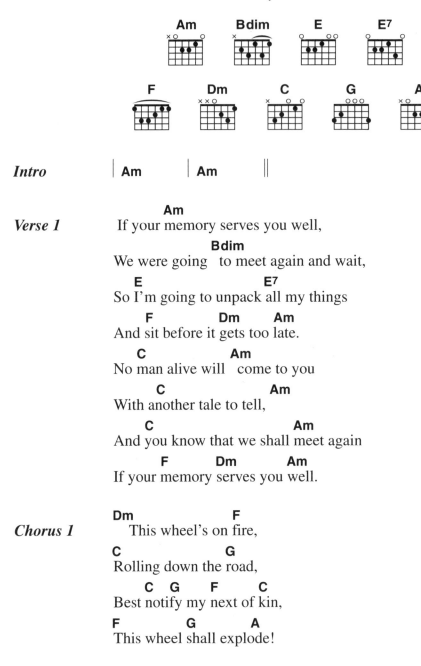

| Am | Bdim | E | E7 |
| F | Dm | C | G | A |

Intro | Am | Am   ‖

Verse 1
> Am
> If your memory serves you well,
>   Bdim
> We were going   to meet again and wait,
>   E   E7
> So I'm going to unpack all my things
>   F   Dm   Am
> And sit before it gets too late.
>   C   Am
> No man alive will   come to you
>   C   Am
> With another tale to tell,
>   C   Am
> And you know that we shall meet again
>   F   Dm   Am
> If your memory serves you well.

Chorus 1
> Dm   F
> This wheel's on fire,
> C   G
> Rolling down the road,
>   C G   F   C
> Best notify my next of kin,
> F   G   A
> This wheel shall explode!

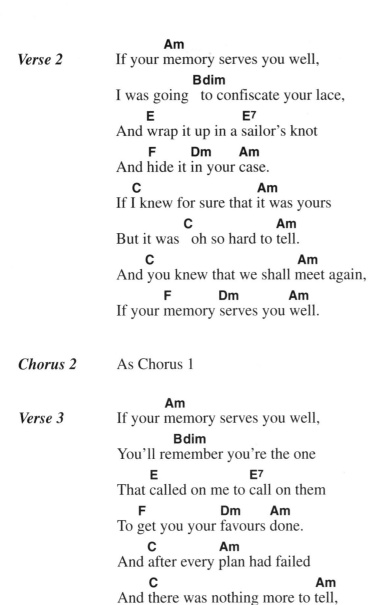

Verse 2

        Am
If your memory serves you well,

           Bdim
I was going   to confiscate your lace,

    E   **E7**
And wrap it up in a sailor's knot

   F   **Dm**   **Am**
And hide it in your case.

     C   **Am**
If I knew for sure that it was yours

          C   **Am**
But it was   oh so hard to tell.

     C   **Am**
And you knew that we shall meet again,

       F   **Dm**   **Am**
If your memory serves you well.

Chorus 2   As Chorus 1

Verse 3

        Am
If your memory serves you well,

         Bdim
You'll remember you're the one

    E   **E7**
That called on me to call on them

  F   **Dm**   **Am**
To get you your favours done.

     C   **Am**
And after every plan had failed

     C   **Am**
And there was nothing more to tell,

     C   **Am**
You knew that we should meet again,

      F   **Dm**   **Am**
If your memory served you well.

Chorus 3

Dm   **F**
 This wheel's on fire,

   C   **G**
It's rolling down the road,

     C **G**   **F**   **C**
Best notify my next of kin,

F   **G**   **A**
This wheel shall explode!

The Times They Are A-Changin'

Words & Music by
Bob Dylan

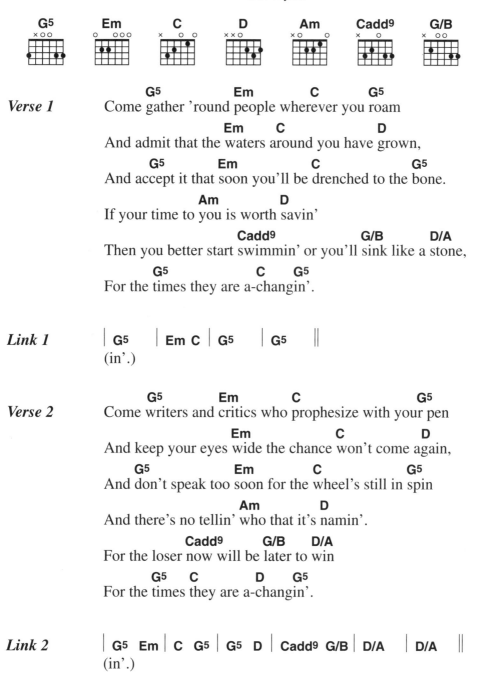

Verse 1

G5   Em   C   G5
Come gather 'round people wherever you roam
                   Em   C   D
And admit that the waters around you have grown,
       G5   Em   C   G5
And accept it that soon you'll be drenched to the bone.
           Am   D
If your time to you is worth savin'
                 Cadd9   G/B   D/A
Then you better start swimmin' or you'll sink like a stone,
       G5   C   G5
For the times they are a-changin'.

Link 1

| G5 | Em C | G5 | G5 ||
(in'.)

Verse 2

           G5   Em   C   G5
Come writers and critics who prophesize with your pen
                  Em   C   D
And keep your eyes wide the chance won't come again,
       G5   Em   C   G5
And don't speak too soon for the wheel's still in spin
                 Am   D
And there's no tellin' who that it's namin'.
          Cadd9   G/B   D/A
For the loser now will be later to win
       G5   C   D   G5
For the times they are a-changin'.

Link 2

| G5 Em | C G5 | G5 D | Cadd9 G/B | D/A | D/A ||
(in'.)

Verse 3

G5   Em   C   G5
Come senators, congressmen, please heed the call

       Em   C   D
Don't stand in the doorway, don't block up the hall,

 G5   Em   C   G5
For he that gets hurt will be he who has stalled.

       Am   D
There's a battle outside ragin'

          Cadd9   G/B   D/A
Will soon shake your windows and rattle your walls,

     G5 C   D G5
For the times they are a-changin'.

Link 3 | G5 | D Cadd9 | D G5 ||
       (in')

Verse 4

    G5   Em   C G5
Come mothers and fathers throughout the land

      Em   C   D
And don't criticize what you can't understand.

   G5   Em   C   G5
Your sons and your daughters are beyond your command,

      Am   D
Your old road is rapidly agin'.

        Cadd9   G/B   D/A
Please get out of the new one if you can't lend your hand

    G5   D G5
For the times they are a-changin'.

Link 4 | G5 | Em C | G5 | D Cadd9 |
       (in'.)

       | G/B D/A | D/A G5 | C D | G5 | G5 ||

Verse 5

               Em   **C**   **G5**
The line it is drawn, the curse it is cast

              Em   **C**   **D**
The slow one now will later be fast

     G5   **Em**   **C**   **G5**
As the present now will later be past

         Am   **D**
The order is rapidly fadin'.

              Cadd9   **G/B**   **D/A**
And the first one now will later be last

     G5   **Em**   **D**   **G5**
For the times they are a-changin'.

Coda | **G5** | **Em C** | **G5** | **Em C** ‖
             (in'.)